Pesquisa e psicanálise:
do campo à escrita

Tânia Ferreira
Angela Vorcaro
(organizadoras)

Pesquisa e psicanálise: do campo à escrita

Cristina Marcos / Ilka Franco Ferrari / Jeferson Machado Pinto / Leny Magalhães Mrech / Lúcia Castello Branco / Marília Amorim / Margareth Diniz / Vânia Baeta Andrade

autêntica

Copyright © 2018 Tânia Ferreira e Angela Vorcaro
Copyright © 2018 Autêntica Editora

Todos os direitos reservados pela Autêntica Editora. Nenhuma parte desta publicação poderá ser reproduzida, seja por meios mecânicos, eletrônicos, seja via cópia xerográfica, sem a autorização prévia da Editora.

EDITORAS RESPONSÁVEIS
Rejane Dias
Cecília Martins

REVISÃO
Lúcia Assumpção

CAPA
Alberto Bittencourt
(Sobre imagem de Lidia Kubrak/Shutterstock)

DIAGRAMAÇÃO
Larissa Carvalho Mazzoni

Dados Internacionais de Catalogação na Publicação (CIP)
Câmara Brasileira do Livro, SP, Brasil

Pesquisa e psicanálise : do campo à escrita / Tânia Ferreira, Angela Vorcaro (orgs.). -- 1.ed -- Belo Horizonte : Autêntica Editora, 2018.

Vários autores.
Bibliografia
ISBN 978-85-513-0160-9

1. Linguística 2. Psicanálise 3. Psicanálise e escrita 4. Psicanálise - Obras de divulgação 5. Psicanálise - Pesquisa I. Ferreira, Tânia. II. Vorcaro, Angela

17-11709   CDD-401.9

Índices para catálogo sistemático:
1. Psicanálise e escrita : Psicolinguística 401.9

Belo Horizonte
Rua Carlos Turner, 420
Silveira . 31140-520
Belo Horizonte . MG
Tel.: (55 31) 3465 4500

Rio de Janeiro
Rua Debret, 23, sala 401
Centro . 20030-080
Rio de Janeiro . RJ
Tel.: (55 21) 3179 1975

São Paulo
Av. Paulista, 2.073,
Conjunto Nacional, Horsa I
23º andar . Conj. 2310-2312 .
Cerqueira César . 01311-940
São Paulo . SP
Tel.: (55 11) 3034 4468

www.grupoautentica.com.br

Agradecimentos

Um livro compartilhado, um trabalho coletivo, sempre nos convoca a agradecer aos que o tornaram possível. Agradecemos ao Programa Nacional de Pós-Doutorado PNPD/CAPES, pelo apoio e financiamento do livro, e ao Programa de Pós-Graduação em Psicologia da Faculdade de Ciências Humanas (FAFICH/UFMG).

A Elisa Arreguy Maia, que escreveu a apresentação. A cada um dos autores, que, com seu desejo decidido, fez mais essa aposta de transmissão: Marília, Jeferson, Ilka, Cristina, Margareth, Leny, Lúcia e Vânia.

Ao Grupo Autêntica, em especial, Rejane Dias, Waldênia Alvarenga, Cecília e Alberto.

Sumário

09 **Apresentação**
Elisa Arreguy Maia

13 **Prefácio**
Tânia Ferreira

17 **A questão enunciativa na pesquisa em ciências humanas**
Marília Amorim

41 **Transmissão e saber em psicanálise: (im)passes da clínica**
Angela Vorcaro

63 **O lugar da contingência na clínica e na pesquisa em psicanálise: mais ainda sobre o problema do método**
Jeferson Machado Pinto

79 **A psicanálise no mundo da informática e dos gráficos**
Ilka Franco Ferrari

97 **A escrita do caso clínico em psicanálise: uma lógica não-toda**
Cristina Marcos

111 **O(a) pesquisador(a), o método clínico, e sua utilização na pesquisa**
Margareth Diniz

129 **Pesquisa em psicanálise: a conversação e a entrevista clínica como ofertas de palavra – a aposta na invenção subjetiva**
Tânia Ferreira

153 **A escrita em Freud e Lacan**
Leny Magalhães Mrech

171 **O livro do sonho, O sonho do livro**
Lúcia Castello Branco
Vânia Baeta Andrade

189 **Sobre os autores**

Apresentação

Elisa Arreguy Maia

Pesquisar, ensinam os dicionários, vem do latim *perquirere* "indagar, perguntar", cuja tradução literal poderia ser "perguntar completamente". Ora, nada mais condizente com o método psicanalítico do que a investigação minuciosa, que se atém ao detalhe aparentemente insignificante, àquilo que não se revela senão em uma qualidade de atenção exercida de modo muito especial, e sutil. Este modo especial, especialmente sutil, vem a ser, propriamente, a invenção freudiana do método psicanalítico; tem a ver com a clínica e com o que se escreve com os restos a partir da clínica.

O que quer dizer, pois, fazer pesquisa em psicanálise? Este volume se propõe a enfrentar esta questão e o faz por múltiplas entradas, como convém à natureza de seu objeto. Ora, justamente, a questão começa pelo objeto da psicanálise, que não é outro senão o *objeto a*, um construto conceitual sofisticado que vem responder àquilo que deixa sua marca no discurso, embora não se apreenda no campo da fala e da linguagem. O *objeto a* é um vazio que a linguagem não cessa de tentar envelopar, de buscar revestir; vale lembrar, com as roupagens das fases libidinais pelas quais passa o ser falante ao longo da edificação de seu aparelho psíquico, mas cujo cerne permanece vazio.

A questão do objeto é um dos principais marcos do que vem a ser a questão epistemológica a partir da especificidade do discurso da psicanálise. A fala e a escrita ocupam aqui um lugar de destaque na demarcação do campo teórico. Como bem diz o texto de abertura desta coletânea, de Marília Amorim: "A psicanálise inventada por Freud é a primeira disciplina a colocar em prática e a sistematizar o que viria a ser definido por Bakhtin como especificidade das ciências humanas, isto é, o *trabalho com e sobre o discurso*". Cabe lembrar que "discurso" implica aqui uma estrutura quádrupla, que envolve a cadeia significante (em sua duplicidade do significante mestre e do saber), o sujeito, além do já citado *objeto a*. É por isso que o "dizer do pesquisador e a sua presença no jogo enunciativo" vão fazer parte daquilo que se quer analisar. Entre outras qualidades, é isso que o texto que fecha a coletânea, de Lúcia C. Branco e Vânia Baeta, vem exemplificar – uma escrita-relato que nos confia o *modus operandi* de um escritor (cada uma das escritoras) às voltas com seu texto: a escrita irrompe pelo texto apesar do escritor e de seus cuidados. O texto de Angela Vorcaro tem o mérito de enfatizar a questão do sujeito, este que se apreende em um "movimento de retorno". Nesse artigo somos convidados a bem discriminar o lugar do analista em relação à transferência e, portanto, em relação ao saber. É no ponto em que intervém a questão do analista, propriamente do lugar do analista, que vem se colocar a singularidade do caso clínico. Vários, entre esses textos, vão se debruçar sobre a especificidade do "método clínico", como é o caso do trabalho de Margareth Diniz. É na articulação entre o caso clínico – que obriga os analistas a reinventarem a psicanálise – e o lugar do analista que cada caso engendra que vem se derramar a "tensão entre o singular do sujeito e o universal da teoria", ocasião de se localizar a questão lógica da singularidade. Em psicanálise, o *singular* deve ser pensado em sua diferença crucial, no discurso clínico, com o que é do *particular*. A clínica é o que baliza e, em última instância, define o método psicanalítico enquanto um "discurso do método freudiano". Neste ponto, a função da escrita se impõe: "Assim, Freud teria impedido o risco de reduzir seu método a uma técnica, que o tornaria passível de aplicabilidade. E a aplicação de uma técnica, como sabemos, pressupõe a detenção de um conhecimento que universaliza o objeto e apaga sua manifestação singular". O artigo em questão enfatiza, em consonância com seus autores de referência, que as "monografias clínicas de Freud ultrapassam a função técnica e aplicativa do paradigma constituindo propriamente um método". Mas de Freud a Lacan uma diferença se introduz: "Lacan operou por meio de seu estilo". Há algo que corresponde ao objeto no modo como Lacan *escreve* psicanálise; o famoso estilo de Lacan vem responder a isso. A função da pesquisa em psicanálise tem, pois, a ver com a escrita de cada psicanalista ao reinventar a psicanálise.

É, também, partindo da questão do método, que o artigo de Jeferson Machado Pinto aborda a relação psicanálise/ciência. O autor vai enfocar "o lugar da contingência na clínica" e seu artigo nos guia, com clareza e firmeza de elaboração, por todas as principais questões epistemológicas colocadas pela invenção freudiana a partir do fato de a psicanálise lidar com o real, real que surgiu imperativo a partir da pulsão de morte como ponto limite na relação suposta entre o sujeito e o objeto: "o real do sujeito surge como exclusão a um saber que é possível construir sobre ele". A partir desse sujeito em sua sintomática relação com a verdade, toda uma outra lógica é convocada. Lógica que, de Freud a Lacan, vários textos desta coletânea vão buscar transmitir. A psicanálise "conta com a ciência", "faz '*semblant*' de ciência", mas, no encontro renovado da exigência pulsional, subverte a ciência ali onde "a paixão do saber cede lugar à construção singular da fantasia". É quando se pode extrair e demonstrar o conhecimento retirado de uma estrutura que se encontra alguma invariante universal. "Neste momento, já não se trata de um analista, mas de um pesquisador que está em transferência e, portanto, na posição de um *analisante* [...]. Ao literalizar, ao formalizar cada evento singular, ele inscreve o particular da clínica na ciência. Aqui é o analista que procura adotar a atitude científica da demonstração (inclusive em relação aos efeitos de sua própria análise)." O texto de Cristina Marcos busca mostrar o que a lógica do caso clínico deve à lógica do não-todo desenvolvida por Lacan. Tânia Ferreira relata uma experiência de pesquisa com crianças; a investigação valeu-se das *Conversações e entrevistas clínicas* enquanto "oferta de palavra" que vai promover certos efeitos de intervenção subjetiva; o artigo busca mostrar que pesquisar é, no caso, intervir. O trabalho de Ilka Ferrari, por sua vez, aborda a dificuldade de se falar em "pesquisa de campo" em psicanálise e enfrenta a dificuldade através de entrevistas com profissionais "praticantes de psicanálise nas urgências de hospital psiquiátrico" da rede pública de Belo Horizonte.

Lugar de destaque merece a escrita na pesquisa em psicanálise, seja a escrita de Freud, a escrita de Lacan, escrita lógica, escrita do livro, ou, mais propriamente, a escrita de cada psicanalista. Os textos de Leny Mrech e Tânia Ferreira fazem dessa questão uma ocasião de rever certa bibliografia que trafega pelo que, desde Freud e seu aparelho de linguagem, vem se ocupar da linguagem enquanto traço, metáfora da escrita, escrita psíquica, letra. A letra no inconsciente é "uma marca a ser lida", "algo que não se apresenta na palavra" – algo que sempre escapa, sempre escava, impossibilidade traduzida pelo modo lógico do que não cessa de não se escrever.

Assim como alguns objetos caídos do corpo são buscados para dar certa consistência ao vazio do objeto que não cessa de deixar sua marca na linguagem, assim, também, cada um que escreve em psicanálise faz testemunho desse vazio e de seu modo próprio de contorná-lo. Apesar do escritor e de seus cuidados para cercar-se das certezas do eu, das certezas teóricas, apesar das decisões da vontade e da memória, é, em última instância, a escrita de cada um que irrompe ao relatar sua pesquisa. Deve-se a isso, também, as diferenças que vamos percebendo de um texto a outro desta coletânea. A escrita é o divisor de águas, é em sua superfície que algo passa, ou não passa – dimensão da pesquisa em que vigora o que o saber do artista traduziu: "já não procuro, acho".

Prefácio

Tânia Ferreira

Este livro[1] nasce do desejo de contribuir no delineamento do campo de *pesquisa em psicanálise* – que, embora fértil, ainda é um campo *em formação*. Tanto jovens pesquisadores em diferentes Programas de Graduação e Pós-Graduação quanto pesquisadores experientes que se dedicam também à formação de pesquisadores, a educar pela pesquisa e, portanto, para a pesquisa, se confrontam com a ainda pouca literatura sobre o tema.

Assim, no terreno baldio de vários aspectos da formalização da prática de pesquisa em psicanálise dos princípios que a sustêm, das especificidades que esta prática impõe, da teoria que a sustenta e, essencialmente, do passo a passo deste fazer, esses autores trazem seus artigos.

É um risco sempre presente em textos de pesquisa em psicanálise, uma "transposição" direta de conceitos e dispositivos clínicos, como se a pesquisa pudesse se constituir num novo "setting" clínico, deixando o campo da pesquisa em psicanálise nebuloso e de difícil trânsito e, mais ainda, fechado, passível de entendimento só entre os pares. Isso contradiz princípios caros à pesquisa, como a transmissão de conhecimentos e "achados de pesquisa" a toda e qualquer comunidade científica que possa se interessar pelo tema em questão.

---

[1] Este livro é parte do meu trabalho de pesquisa de Pós-Doutorado no Programa Nacional de Pós-Doutorado (PNPD/CAPES), sob a coordenação da professora doutora Angela Vorcaro, concluído no Programa de Pós-Graduação em Psicologia da FAFICH/UFMG, linha de pesquisa Psicanálise e Cultura.

Justamente partindo dos impasses e possibilidades do "fazer" pesquisa – entendendo por isso não somente a explicitação dos instrumentos metodológicos, mas o que se põe em jogo entre o pesquisador e o sujeito "na" pesquisa, em cada passo de sua realização –, este livro é sempre uma trilha aberta para aqueles que se dedicam à pesquisa em psicanálise e em ciências humanas em geral, e a fazerem avançar este campo.

Inscrita no campo da pesquisa em ciências humanas, a pesquisa em psicanálise coloca-se, de saída, no esforço de adentrar esse universo e dialogar com ele. O debate sobre pesquisa em ciências humanas e o que a distingue de outras modalidades de pesquisa, bem como seu campo epistemológico, e, mais especialmente, "como fazer" pesquisa à luz da psicanálise, vai abrindo um campo de possibilidades para o leitor-pesquisador construir seu próprio caminho.

Existe "pesquisa psicanalítica"? O que singulariza a pesquisa em psicanálise no vasto campo de pesquisa em ciências humanas? A pesquisa e a clínica: uma conjunção realizável? Quais os traços da clínica psicanalítica na pesquisa em psicanálise?

O ensino da pesquisa que obviamente não se confunde com a clínica, mas dela não se separa, impõe cuidados e rigor que muitos pesquisadores ressentem nos textos de pesquisa.

Cada autor, a seu modo e com seu estilo, buscou apresentar os elementos que se destacam como pontos de enlaces, traços da clínica na pesquisa, sem, contudo, permitir que se confundam os campos. Para discutir os traços da clínica psicanalítica na pesquisa em psicanálise, privilegiaram-se diferentes instrumentos metodológicos. A partir deles, no diálogo com a experiência de pesquisar, cada autor traz indagações sobre os traços da clínica na pesquisa em psicanálise, pondo em evidência, em cada passo do "fazer pesquisa", a tomada em consideração do sujeito, seja ele pesquisador ou pesquisado.

Este livro ousou não deixar de fora a psicanálise e a pesquisa do mundo da informática e dos gráficos, como também, do problema do método – questões muito atuais, que têm aqui seu ponto inicial.

O enlace preciso entre a transmissão, o conhecimento, o saber e os impasses da clínica – matéria da pesquisa – figura aqui como nó que amarra discussões necessárias para o ato de pesquisar em psicanálise.

Entendemos que o ponto de partida – o problema da pesquisa – está dado, mas a oferta da palavra em diferentes instrumentos de pesquisa em psicanálise deve respeitar a regra fundamental da psicanálise: a associação livre. Assim, a questão norteadora da pesquisa vem, às vezes, embrulhada numa riqueza enorme de temas e situações a serem acolhidas pelo pesquisador.

A associação livre é, portanto, aqui também, o que permite o enlace entre a psicanálise em extensão – a aplicação da psicanálise – e a psicanálise em intensão – a prática clínica.

Todas essas discussões são esteio para aquela que muito inquieta os pesquisadores que recusam adaptações grosseiras, os instrumentos metodológicos.

A pesquisa-intervenção em psicanálise como sua grande ferramenta perfila neste livro com o trabalho das *Conversações;* do método clínico; da lógica da construção do caso clínico, entre outras, que vão compondo o universo da pesquisa em psicanálise, ampliando seus limites, tocando pontos que a prática da pesquisa não nos deixa negligenciar.

Ainda na perspectiva de trilhar cada passo da pesquisa, os leitores encontrarão diálogos com experiências que permitem formalizar questões sobre os operadores de leitura e de análises de pesquisa, pontos de impasses para todo pesquisador que prima pelo rigor e pela ética. Que tratamento dar aos dados de uma pesquisa em psicanálise considerando especialmente as singularidades da construção de caso e de sua análise em pesquisas dessa natureza? O fazer clínico e o fazer com os dados da *entrevista clínica em pesquisa* são alguns dos diálogos que os autores estabelecem com o leitor-pesquisador e, mais enfaticamente, a tomada em consideração do *sujeito na pesquisa e seu saber,* condição inegociável para que seja considerada *pesquisa em psicanálise.*

Nessa tessitura, um fosso a atravessar: do campo à escrita... Existiria um modo singular de escrita de pesquisa em psicanálise? O que podemos extrair da escrita de Freud e de Lacan para o texto de pesquisa? Na polifonia das vozes num texto de pesquisa, nenhuma pode ser silenciada.[2]

Questões como escrever na primeira ou na terceira pessoa num texto de pesquisa; o modo singular de transmissão dos "achados de pesquisa" extraídos da clínica; a escuta e o que dela se escreve; a solidariedade de estrutura entre a poesia e a psicanálise, seus pontos de convergência, para nos ajudar a cercar as questões concernentes ao texto de pesquisa em psicanálise são alguns dos debates dos quais o leitor não deixará de participar, através de sua própria experiência de e com a pesquisa.

---

[2] Verificar: AMORIM, 2001.

Os rastros da clínica psicanalítica da pesquisa em psicanálise encontram neste livro seu lugar diferenciado. Se elas não se confundem, elas se atravessam, e as margens dessa travessia vão sendo cuidadosamente traçadas em cada texto pelo autor.

Para além da riqueza de possibilidades que se abrem a partir do diálogo com essa diversidade de experiências, este livro quer ser o testemunho vivo de uma premissa que sustenta qualquer incursão na psicanálise: a ética.

No texto, em suas rasuras, nas entrelinhas, seu desenho mais fortemente delineado faz prevalecer a transmissão da clínica psicanalítica a quem se dedica à pesquisa: o pesquisador parte sempre do saber do sujeito na pesquisa e não daquilo que ele próprio sabe. Podemos dizer que, como na clínica psicanalítica, a pesquisa em psicanálise se orienta pela "douta ignorância".

Este livro é, pois, somado a outros, a transmissão de experiências de pesquisa, do diálogo com essas experiências, da relação ao saber e ao "não saber" no caminho de uma pesquisa; dos pontos de angústia de um pesquisador que, por vezes, encontra na escrita um modo de borda. Essencialmente, do que se passa entre o pesquisador e o sujeito na pesquisa, da psicanálise, que, entre o real e o simbólico, encontra a letra, modificando o discurso, inclusive do pesquisador em psicanálise e, quiçá, do leitor interessado em pesquisa.

Demonstrando como o saber é suposto ao sujeito na pesquisa, sustentamos que é essencialmente desse ponto que a pesquisa, o ato vivo da pesquisa em psicanálise, extrai as consequências da clínica para seu campo. Não se trata apenas de oferecer a palavra, mas de supor saber naquele que fala, deixando-se surpreender com o que o sujeito produz sobre sua realidade, sua vida, suas experiências, operando, no mesmo movimento, uma possibilidade de que se aproprie do que diz e no, ato mesmo da enunciação, se renove e se crie.

A questão enunciativa na pesquisa em ciências humanas

Marília Amorim

Esse artigo pretende abordar a temática da pesquisa em ciências humanas a partir daquilo que constitui sua especificidade, a saber, sua condição discursiva. Como se organiza o discurso das ciências humanas em situação de campo e em situação de escrita? Que efeitos de sentido se produzem em função de *quem fala a quem e de que* e de *como se fala?* Para tanto, recorre à linguística enunciativa de Émile Benveniste e à abordagem da análise dialógica do discurso baseada na teoria de Mikhail Bakhtin.

Está organizado em três partes. Na primeira, apresenta-se o percurso conceitual que conduz à formulação do conceito de *dupla inversão* para definir a especificidade da cena enunciativa das ciências humanas. Na segunda, aborda-se o lugar da palavra na situação de campo relativa ao processo investigativo através da comparação entre o pesquisador e o personagem do detetive tal como descrito na literatura policial. A terceira e última parte analisa as passagens entre situação de campo e situação de escrita a partir de dois clássicos da literatura de pesquisa – Marcel Mauss e Sigmund Freud.

A dupla inversão dos lugares enunciativos

Relembremos, para começar, em que consiste o *aparelho formal de enunciação* de acordo com um dos pais da linguística enunciativa, o francês Emile Benveniste.[1] Tudo que é dito coloca em cena um *locutor*

---

[1] BENVENISTE, 1966a. Para esse autor e para os demais, todos os trechos extraídos

(*eu*) que designa a quem se dirige o enunciado, um *interlocutor* (*tu* ou *você*), para falar a respeito de algo ou de alguém (*ele*) e que constitui o *objeto* do discurso. Enquanto que *eu* e *tu* estão postos numa relação de *pessoa*, o objeto *ele* ocupa o lugar da *não pessoa*, isto é, daquele que não está posto em condição de falante. Vemos aí que a *pessoa* da enunciação não corresponde exatamente à pessoa gramatical. Na gramática, eu/tu/ele são designadas primeira, segunda e terceira *pessoas* do singular; na teoria da enunciação, *pessoa* é o lugar de quem fala ou pode falar. Essa concepção não coincide tampouco com a pessoa física ou psicológica. Outra distinção importante se faz com a teoria psicanalítica para a qual o objeto pode estar no lugar do interlocutor e assim se encontrar em condição de falante. Na linguística enunciativa, *objeto* é o lugar de onde não se fala nem se pode falar.

Para pensar o discurso da pesquisa, é necessário convocar outra distinção que parte da teoria de Benveniste (1966b) e que foi ampliada tanto no campo linguístico quanto no campo da teoria do discurso do conhecimento. Trata-se de duas esferas discursivas que se distinguem pelo modo como os lugares enunciativos são postos: a esfera pessoal, que obedece à relação *eu-tu/ele* como descrita acima, e a esfera da não pessoa, em que *eu* e *tu* são elididos. Enquanto que na primeira, o que está em jogo é a expressividade dos sujeitos falantes e o reconhecimento de suas respectivas singularidades, na última, o que se visa é fazer falar os acontecimentos. Esta é a forma do enunciado das histórias, fictícias ou factuais, em que, segundo Benveniste (1966b), é como se os acontecimentos falassem por eles mesmos. Podemos dizer que o discurso teórico, científico ou filosófico situa-se também nessa esfera quando as proposições de caráter geral ou universal são formuladas. Na pesquisa e na teoria, é necessário que, em algum momento, algo se possa afirmar, independentemente daquele que fala e daquele que escuta (*eu-tu*), com a pretensão de estar dizendo algo concernente ao objeto (*ele*). A construção de um enunciado objetivável supõe um lugar de *não pessoa* para deixar o objeto falar.

Entendemos, assim, que a objetividade na pesquisa não é dada e sim construída. O que se chama comumente de *dados* de pesquisa é algo que somente se dá como mediatizado por um tipo particular de

---

das edições francesas mencionadas na bibliografia final aparecem aqui traduzidos por mim para o português.

discurso que é o da construção teórico-conceitual. O fato de ser uma construção não a torna menos necessária, pois, sem ela, seria impossível objetar ou refutar o enunciado proposicional: é somente porque ele pretende falar como *não pessoa* que seu interlocutor pode contradizê-lo. Se, ao contrário, afirmo algo em meu próprio nome, como uma opinião pessoal, uma impressão ou um sentimento, nenhum interlocutor poderá contradizer-me, posto que o que é de âmbito pessoal não obedece ao princípio da não contradição.

A especificidade do diálogo filosófico e matemático foi analisada por Michel Serres[2] da seguinte maneira. A filosofia fundada por Platão instaura um novo modo de discurso em que os dois interlocutores estão do mesmo lado porque têm um objetivo comum: eliminar todo "ruído" entre eles de modo a poder dizer sempre a mesma coisa. O termo *ruído* remete aqui à teoria da comunicação da qual se inspira Serres e que designa tudo aquilo que impede a transmissão exata de uma mensagem entre um emissor e um receptor. Podemos traduzir essa ideia numa perspectiva enunciativa, dizendo que quem produz ruído é o *tu*, posto que é ele que reinterpreta tudo que lhe é dito, bifurcando e construindo outros enunciados que não estavam nem contidos, nem previstos no enunciado primeiro.

Quanto à ideia evocada por Serres (1968) de que a filosofia visa a poder dizer sempre a mesma coisa, ela foi formulada pelo próprio Sócrates. Podemos entendê-la como um imperativo de univocidade para o discurso teórico, uma vez que, para ser transmitido tal qual, não pode dar margem a ambiguidades ou múltiplas interpretações. Lembremos que o *matema* que está na etimologia grega da palavra "matemática" e dos modelos matemáticos das demais ciências formais é aquilo que se pode aprender e que pode ser ensinado. O sufixo *ema* designa o elemento de base, a unidade mínima distintiva no interior de um sistema e de cuja estabilidade depende a sistematicidade em questão. Temos assim *fonema, morfema,* etc. e Lévi-Strauss (1955), na construção de sua antropologia estrutural, buscava estabelecer os *mitemas,* ou seja, aquilo que de um mito permanece idêntico e transmissível através das diferentes versões. O que não escapou à arte de Guimarães Rosa, que, ao construir a personagem da sertaneja Maria Mutema, inventa o *mutema*: "unidade mínima distintiva de mudez".[3]

---

[2] SERRES, 1968.
[3] HANSEN, 2007, p. 38.

A exclusão do ruído empreendida pelos interlocutores do discurso filosófico ou teórico foi reinterpretada por Dany Dufour[4] através da criação do conceito de *diálogo binário*. Partindo de Benveniste (1966a), Dufour (2000) explica que, no diálogo teórico-filosófico, o terceiro excluído é o *tu*. Porque o interlocutor *tu* do diálogo ordinário acrescenta sempre novos elementos ao enunciado do *eu*, dando-lhe múltiplas interpretações e fazendo-o bifurcar em diferentes direções. Para *poder dizer sempre a mesma coisa*, é necessário excluir o *tu* e convocar um interlocutor *ele*, não pessoa, que se limita a aceitar ou rejeitar o enunciado proposto. Podemos sintetizar a *voz* do *ele*, dizendo que o *ele* não diz, mas sim, contradiz.

A discussão aqui resumida foi desenvolvida em um trabalho anterior, onde busquei analisar a especificidade enunciativa das ciências humanas.[5] Propus então o conceito de *dupla inversão*, operação pela qual esse discurso dispõe, de modo inteiramente singular, os lugares enunciativos. Em relação à cena enunciativa ordinária do tipo *eu-tu/ele*, o texto das ciências humanas produz-se numa cena que inverte duplamente as relações de lugar. A primeira inversão é aquela que acabamos de examinar quando tratamos do enunciado científico em geral e na qual, em lugar do interlocutor *tu*, encontra-se um *ele*. Essa inversão é portanto constitutiva do saber demonstrativo ou teórico-conceitual.

A segunda inversão opera-se não no lugar do interlocutor, mas no lugar do objeto: em vez de um *ele*, há um *tu*. Recorro aqui à ideia bakhtiniana[6] segundo a qual a especificidade das ciências humanas reside no fato de serem *ciências do discurso*. Segundo o autor, o objeto aqui não é *o homem* como se poderia imaginar e que é, na realidade, objeto de muitas outras ciências como a biologia, a fisiologia, etc. O objeto específico das ciências humanas é o discurso e esse objeto, diferentemente de todos os outros, não é mudo. Não há apenas uma fala, a do pesquisador, e sim, duas (no mínimo). Designei então esse objeto de *objeto falante*, já que ele não é apenas *objeto falado* como em todo discurso, científico ou não. No lugar do objeto há um sujeito que fala com o pesquisador: o informante para o antropólogo, o entrevistado para o sociólogo, o paciente para o analista, e assim por diante. Discurso sobre discurso, o trabalho

---

[4] DUFOUR, 2000.

[5] AMORIM, 2001.

[6] BAKHTIN, 1984.

do pensamento em ciências humanas é sempre convocado por uma dimensão interpretativa mesmo se ele não pode renunciar à dimensão explicativa. Da tensão permanente entre esses dois polos, resulta a riqueza e a dificuldade, e até mesmo a ambiguidade dessas ciências. Não é à toa que os questionamentos a respeito de seu rigor e de sua cientificidade não cessam e não podem nunca cessar.

A seguir, em representação de diagrama, as três formas de diálogo:

Diálogo trinitário

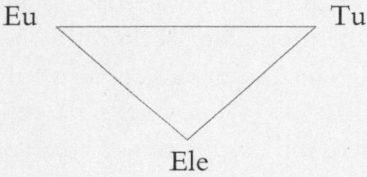

Diálogo binário

Eu (→Ele) ——————— Ele

Dupla inversão

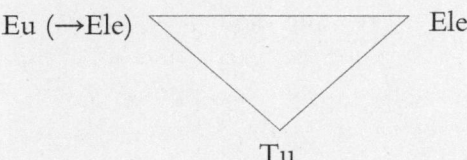

Observa-se que, no diálogo binário, assim como na dupla inversão, o Eu tende para uma posição de Ele. Assim, temos um Eu que tenta falar como um Ele e dirigir-se a um Ele, produzindo um efeito de ausência de pessoa, já que o que está em jogo na pesquisa é a tentativa de fazer falar o objeto.

Outra maneira de abordar a diferença entre binaridade e ternaridade é colocar essas duas cenas enunciativas como fundamentos de formas distintas de saber: o demonstrativo e o narrativo. O saber demonstrativo corresponde ao trabalho teórico-conceitual, e o narrativo, à prática ordinária dos sujeitos falantes, onde o contar histórias é marca distintiva da semiologia humana[7] (os animais comunicam mas não contam histórias). Os três lugares do diálogo ternário correspondem aos diferentes polos da narrativa, quais sejam, o narrador, o narratário e o narrado, conforme designação de Jean-François Lyotard[8] a partir do conceito linguístico de *triângulo pragmático*.

Nesse ponto, é necessário assinalar outro aspecto do problema. Em Benveniste, a esfera da ausência de pessoa em que os acontecimentos parecem falar por si mesmos é aquela do relato, histórico ou ficcional. Entretanto, como queremos tratar da questão da univocidade dos enunciados científicos de um lado, e, do outro, da polissemia e da polfonia do enunciado narrativo, somos obrigados a abandonar a referência benvenisteana, uma vez que essa questão não faz parte de sua problemática linguística. As imagens, as metáforas e os procedimentos narrativos de uma história contada convocam o interlocutor a interpretar o que é dito. Já o conceito encontra sua significação fixada no seio de um conjunto definido de proposições. Por essa razão, a transmissão desses dois ditos não se opera do mesmo modo. No narrativo, teremos sempre múltiplas versões,[9] e na teoria uma reprodutibilidade relativamente estável. Mesmo se tratarmos do mito, a forma mais estável de todas as que compõem o âmbito do saber narrativo, embora ele se reproduza através de seus mitemas, percebemos que ele é, segundo o mesmo Lévi-Strauss (1955), a sucessão sem fim de suas versões.

Podemos então dizer que as ciências humanas se situam *entre* o demonstrar e o narrar, o que em nada facilita o trabalho do pesquisador. Como vimos, esse lugar do *entre* corresponde a uma cena enunciativa em que o ruído como *voz* do *tu* não está excluído. Ao contrário, mesmo situado na posição de objeto, ele não para de fazer proliferar os sentidos e de alterar o percurso do pesquisador. Ele não fala como um *ele*, ele não contradiz nem objecta, ele diz outras coisas. Mas ele também não fala

---

[7] Para uma abordagem enunciativa das diferentes formas de saber, ver AMORIM, 2007. Nesse trabalho, analiso também uma outra cena onde o que se produz é um enunciado fusional cuja relação *eu-outro* é do tipo *dual* e que não deve ser confundido com o tipo *binário*.

[8] LYOTARD, 1979.

[9] Diz o provérbio: quem conta um conto aumenta um ponto.

como um interlocutor comum com o qual eu trocaria versões pessoais e inteiramente subjetivas. Ele é um *tu invertido*, colocado no lugar de objeto do discurso e do pensamento, o que quer dizer que ele já está constrangido pelo trabalho de objetivação. E a objetivação dispõe os lugares do diálogo em uma dissimetria sistemática.

A condição singular das ciências humanas torna problemático o postulado da repetibilidade, pois, se e quando ela ocorre, ocorre também algo de singular e irrepetível no encontro do pesquisador com esse *tu* cujo discurso não pode deixar de ser interpretado. Essa dimensão singular pode vir a ser restituída tanto pelo trabalho da escrita quanto pelo trabalho da leitura do texto de pesquisa. Na escrita, além dos discursos citados e dos diálogos que sejam eventualmente reconstruídos no nível do enunciado, a singularidade do encontro entre o pesquisador e seu *outro* pode ser ouvida no lugar da *voz* do autor: ponto de articulação necessária entre forma e conteúdo do texto, ou, dito de outra maneira, ponto em que é possível acontecer uma poética do texto de pesquisa.

Esse lugar singular atesta igualmente a dimensão ética da escrita, posto que a poética de um texto é uma espécie de assinatura densa. Ao assinar, aquele que escreve torna-se responsável: responde de seu lugar e de sua participação na cultura. No trabalho de tissagem entre forma e conteúdo, o autor-pesquisador restitui, de seu encontro com o *outro*, aquilo que fez valer, isto é, aquilo que considerou digno de valor para ser escrito e transmitido. Produz-se assim o que Bakhtin[10] chama de *pensamento não indiferente* e que eu identifico[11] como síntese da articulação ética, estética e epistemológica de sua teoria.

Na leitura, o que atesta essa parte de irrepetível e de interpretável nas ciências humanas é a frequência com que se produzem leituras e releituras dos grandes textos. Se pensarmos, por exemplo, no texto de Freud, podemos dizer que os conceitos e as proposições de base transmitem-se e repetem-se com relativa univocidade, pois, do contrário, o campo conceitual da psicanálise não poderia se constituir. Ao mesmo tempo, essas proposições são constantemente ressignificadas por novas interpretações. O próprio discurso dos pacientes de Freud é também ressignificado, o que praticamente reinterpreta as interpretações clínicas originalmente propostas.

---

[10] BAKHTIN, 2003.
[11] AMORIM, 2003.

Em relação à distinção que propõe Dufour (2000) entre binaridade e ternaridade, deve-se concluir que as ciências humanas, mesmo se dirigidas a um interlocutor *ele*, não são binárias porque não podem excluir o *tu*. Mas também não são trinitárias ou ternárias como ocorre nos diálogos comuns, na medida em que são uma construção teórica e que o *tu* que aqui fala o faz no lugar de objeto. Daí a ideia de que elas invertem duplamente os posicionamentos da cena enunciativa ordinária.

O trabalho de investigação

As ideias aqui resumidas tratam da questão do texto de pesquisa e gostaria agora de passar à questão do encontro do pesquisador com seu *outro* na situação de campo. Para tanto, utilizarei um procedimento que não o meramente demonstrativo e recorrerei à comparação com outro gênero discursivo que não é teórico, científico ou filosófico, e sim ficcional: o romance policial. Nossos personagens conceituais passam a ser agora o detetive e o pesquisador.

Entre essas duas atividades de investigação e busca da verdade, há alguns pontos em comum que podem ajudar a compreender melhor a ideia de um *dialogismo de campo* enquanto abordagem de pesquisa para as ciências humanas.[12] Os estudos sobre o romance policial são muitos e Coli[13] indica que a relação com a pesquisa científica e seus métodos já foi ressaltada por outros autores como Roger Caillois e Carlo Ginsburg. É que, segundo Coli, um dos sentidos fortes de romance policial é o de um gênero que expõe o processo do seu próprio raciocínio:

> O romance policial não conta uma história. Ele não segue a ordem dos acontecimentos, mas sim a ordem da descoberta dos mistérios. [...] O que é mais fascinante, não é tanto a descoberta do culpado, mas a descoberta da descoberta, isto é, o fato de conhecer os procedimentos que permitiram a elucidação do mistério (COLI, 1996).

Mesmo estando de acordo com a ideia segundo a qual não é apenas o método rigoroso que explica o gênio de Sherlock Holmes, mas também sua inteligência, seu violino e sua cocaína, a questão do método,

---

[12] Para aprofundar esse conceito, ver Amorim (2001).

[13] COLI, 1996.

ou melhor, do percurso, é importante para aquilo que é da ordem do explícito e do transmissível no domínio da pesquisa. O aspecto que nos interessa aqui, diferentemente daqueles comumente ressaltados, é a comparação entre o detetive e o pesquisador quanto ao lugar ocupado, na investigação e na descoberta, pela relação com o outro.

Longe da pretensão de um trabalho exaustivo de análise de textos de romances policiais, escolhi quatro textos que me parecem exemplares dos aspectos que pretendo sublinhar. Aliás, os autores são consagrados como clássicos do gênero, o que deve permitir que a análise forneça elementos para uma tipologia, mesmo se ela permanecer incompleta e passível de ser contestada por outra escolha de autores dentro da imensa diversidade da literatura policial.

É preciso dizer que o trabalho de análise foi muito ajudado pelos próprios detetives, pois, com exceção do quarto e último texto, eles também se preocupam bastante em compreender e em explicar o caminho ou o método que leva à descoberta. Falam disso ao longo de todo o texto, seja em tom pedagógico, seja em tom polêmico, quando criticam abertamente o método dos outros. Quase se poderia dizer que, com esses detetives, um verdadeiro debate epistemológico, ou pelo menos metodológico, atravessa seus textos.

Caso 1: O duplo assassinato da Rua Morgue

O texto faz parte do livro *Histórias extraordinárias*,[14] escrito por Edgar Allan Poe, escritor americano que viveu entre 1809 e 1849. O personagem principal, o detetive, chama-se Dupin. O trabalho de investigação de Dupin constitui-se inteiramente de *observação e análise*. É ele mesmo que emprega esses termos quando reflete sobre seu trabalho. Fala da qualidade da observação, da capacidade de discernir o que deve ser observado e critica o posicionamento dos maus observadores (POE, 1988, p. 31): "[...] de demasiadamente perto. [...] Profundos em excesso, perdem o aspecto do caso tomado em seu conjunto".

Dupin conclui esse raciocínio com uma frase que poderia apenas ela, dar lugar a toda uma discussão filosófica em torno da oposição *profundidade e verticalidade* versus *superfície e horizontalidade* na procura da verdade: "A verdade não está jamais dentro de um poço" (p. 31).

---

[14] POE, 1988. (Esta foi a edição utilizada para nosso estudo, escrito originalmente para ser publicado na França, mas o leitor encontrará varias edições brasileiras.)

A mesma importância é atribuída à análise: "O homem verdadeiramente imaginativo não é outra coisa senão um analista" (p. 15). Dupin propõe a ideia de que o ponto crucial da análise se situa ali, onde ela se defronta com o que escapa ao ordinário ou ao curso natural das coisas: "O talento do analista manifesta-se nos casos situados para além da regra" (p. 14). Essa mesma ideia é retomada adiante: "É seguindo os desvios do curso ordinário da natureza que a razão encontrará seu caminho e caminhará em direção à verdade" (p. 33). Dito de outra maneira: "Não se deve perguntar como as coisas se passaram, mas sim em que elas se distinguem de tudo que aconteceu até agora" (p. 34).

Durante os momentos de análise, o narrador nos faz saber que Dupin parece abandonar nosso mundo e tornar-se *outro*: suas maneiras tornam-se glaciais e distraídas, sua voz, habitualmente uma voz de tenor, torna-se mais alta; os olhos dirigidos ao vazio (POE, 1988, p. 17). Diríamos, nos termos de Émile Benveniste, que ele deixa a esfera pessoal para habitar a esfera da *não pessoa*. Acrescenta o narrador: "Teria sido petulância, não fosse a absoluta deliberação de seu falar e a perfeita certeza de seu tom" (POE, 1988, p. 17).

Na verdade, podemos dizer que, no "Duplo assassinato da Rua Morgue", Dupin só se relaciona com um *ele* (ausente) e que não atua na esfera pessoal da interlocução. Em momento algum, apela para testemunhos ou interrogatórios. Quando as testemunhas falam, não é nunca a ele que elas se dirigem e não é nunca em sua presença. Dupin toma conhecimento dos acontecimentos e de seus dados através do jornal. O problema da mediação do jornal e do contexto enunciativo não tem lugar nas suas considerações. Ele não tem necessidade de estar em campo e o que é dito pelo jornal é tomado como dado primário. Digamos que, para Dupin, a linguagem é transparente e que a palavra, ao menos nesse texto,[15] torna-se comportamento ou dado, sem que a dimensão enunciativa desempenhe qualquer papel na investigação.

Caso 2: "O signo dos quatro" [16]

O texto encontra-se no livro escrito por *Sir* Arthur Conan Doyle, escritor inglês que viveu entre 1859 e 1930.

---

[15] Veremos adiante que o mesmo não se pode dizer de outra novela policial do mesmo autor, *A carta roubada*, de 1981.

[16] DOYLE, 1956.

Exatamente como Dupin, Sherlock Holmes, nesse texto, não vai ao local do crime. Ele não ouve as testemunhas nem as pessoas implicadas, e descobre a verdade simplesmente a partir do que lhe conta outro detetive. Segundo suas próprias palavras, seus pacientes vão a sua casa. É verdade que aqui se tem, ao menos, um diálogo direto e não a distância de um artigo de jornal. Mas esse diálogo, em si mesmo, não tem nenhum papel na descoberta e, exatamente como no caso precedente, as palavras são tratadas como dados primários.

O único diálogo importante para a pesquisa da verdade é também um diálogo do tipo *eu/ele,* como aquele que Dupin tinha consigo próprio durante o trabalho de análise. Só que Sherlock Holmes dispõe do interlocutor perfeito para desempenhar o papel de *ele*: trata-se, evidentemente, de Watson. Ele coloca questões, ele duvida, ele não entende o percurso de Holmes, em suma, ele objecta incessantemente.

Entretanto, se o diálogo propriamente dito não desempenha nenhum papel na pesquisa, em contrapartida, o dialogismo ocupa no texto um lugar fundamental para que se construa a reflexão de Holmes sobre sua atividade de pensamento. Talvez seja necessário lembrar que Bakhtin[17] formulou várias modalidades dialógicas, entre as quais duas estão aqui conjugadas:

a) a polêmica aberta, muito corrente nas obras teóricas, mas também nos romances, quando um personagem coloca em questão o que havia dito outro personagem;
b) todo personagem integra uma família cujos "ancestrais" encontram-se em outras obras de outros autores embora de um mesmo gênero; a ligação entre eles está presente no texto, seja pelos pontos comuns, seja pelas diferenças que o leitor devidamente iniciado consegue estabelecer.

Aqui, no texto de Doyle, assiste-se a uma espécie de jogo dialógico *avant la lettre*. É extraordinário, do ponto de vista literário, ver Holmes, um personagem de Doyle, criticar explicitamente Dupin, personagem de Allan Poe: "Ele era muito teatral. Um gênio em matéria de análise, mas um tipo totalmente inferior" (DOYLE, 1956, p. 20-21).

Em relação a nossa problemática, a palavra-chave do dialogismo desse texto é o adjetivo *teatral*. É que Holmes é um homem de ciência.

---

[17] Ver, por exemplo, BAKHTIN, 1970.

Nele, aparece a força do saber e da precisão; ele faz cálculos, utiliza química e estatística, recorre frequentemente a enciclopédias. Todas as considerações ou explicações a propósito do trabalho de descoberta constituem verdadeiros elogios das disciplinas científicas de seu tempo. Vejamos alguns exemplos em Doyle (1956):

> Enquanto que o indivíduo tomado isoladamente é um *puzzle* sem solução, no seio da massa, torna-se uma certeza matemática. Por exemplo, é impossível predizer o que fará um tal ou tal outro, mas é possível prever como se comportará um grupo. Os indivíduos variam, mas a média permanece constante. Assim fala o estatístico (p. 178).
>
> [...] O tamanho de um homem, nove em cada dez vezes, deduz-se do comprimento de suas passadas. [...] Quando um homem escreve numa parede, instintivamente, ele o faz na altura de seus olhos (p. 32).
>
> [...] Em suma, a detecção[18] é ou deveria ser uma ciência exata (p. 109).

Mais precisamente, a pesquisa da verdade é um trabalho de *dedução*. Sherlock Holmes utiliza essa palavra ao longo do livro e nesse trecho exemplar:

> De uma gota d'água, um lógico poderia inferir a possibilidade de um oceano Atlântico ou de uma Niágara, sem ter visto nem um nem outro e sem mesmo ter ouvido falar. Assim, a vida toda é uma longa corrente em que cada elo lhe dá o sentido. Como todas as outras ciências, a ciência da dedução e da análise só pode ser adquirida ao custo de longos e pacientes estudos; de resto, nossa vida é muito breve para nos permitir de atingir a perfeição (DOYLE, 1956, p. 18).

Já vimos que, nesse caso, a dedução não necessita de nenhum trabalho de diálogo e interação em campo. Pode-se dizer que em Holmes a atividade dedutiva apresenta-se em sua versão mais monológica. Constrói-se, do começo ao fim, na ausência do *outro*. O monologismo do trabalho dedutivo está muito bem representado no texto[19] pela presença de longos monólogos: ou são as longas explicações de Holmes

---

[18] Ou, em outra tradução, "o trabalho do detetive".

[19] Outro exemplo muito claro de final monológico aparece no texto "Estudo em vermelho" no mesmo volume. (Nesse texto, Holmes e Watson se conhecem e ficam amigos.)

ou, no final, o longo relato, em geral do acusado, que confirma todas as deduções de Holmes.

Podemos terminar nosso comentário sobre o percurso de Holmes citando Levinas[20]: "O que faz Sherlock Holmes? Ele procura, deduz, reconstrói os fatos que se passaram. Mas se tudo é dedutível, não há Outro".

Caso 3: O mistério do quarto amarelo [21]

Texto escrito por Gaston Leroux, escritor francês do início do século. A edição com que trabalhamos tem prefácio de Jean Cocteau, o que só faz confirmar a importância do livro. No entanto, o autor se tornou célebre, sobretudo fora da França, devido a outro romance, anterior e, no nosso entender, inferior do ponto de vista da estruturação narrativa: *O fantasma da Ópera.*

O personagem principal, aquele que conduz a investigação até a descoberta da verdade, não é um detetive, e sim um jornalista chamado Rouletabille. Esse já é um dado interessante da questão, pois, nesse caso, o jornalista é mais eficiente do que os detetives e a polícia. A diferença de posição e a rivalidade que até hoje se produz entre eles mereceria, em outra ocasião, que se analisasse a relação entre esses três lugares: o policial, o jornalista e o pesquisador.

Aqui, o dialogismo aparece em uma versão ainda mais curiosa do que aquela que vimos com o personagem de Holmes. Rouletabille, um personagem, critica seus predecessores dirigindo-se diretamente aos autores. Para ele, Poe e Conan Doyle cometeram alguns erros importantes: seus detetives preocupavam-se em demasia com os rastros sensíveis do crime para ali buscarem suas provas. (É importante sublinhar que com frequência essas passagens são escritas em itálico, produzindo um efeito de caráter didático ou sistemático.) "Eu me debruço sobre os rastros, mas é unicamente para lhes pedir *que entrem no círculo que minha razão desenhou*" (LEROUX, 1960, p. 268).

Seus dois predecessores também submetem os rastros sensíveis a uma construção do espírito, no entanto, Rouletabille não tem nada de metódico ou de científico. Ele não fala nunca de saberes ou de métodos aos quais recorreria. Pode-se dizer que ele, de fato, se assemelha aos jornalistas que trabalham muito mais com o instinto do que com

---

[20] LEVINAS, 1995.

[21] LEROUX, 1960.

a ciência. O personagem encarna também aquele talento dos repórteres que consiste em infiltrarem-se em lugares e em conversas os mais reservados ou proibidos. Também como repórter, já se pode observar em Rouletabille um trabalho de campo e uma utilização do diálogo muito mais importantes do que em seus predecessores. Ele sabe fazer com que os outros falem apesar deles mesmos, e, para isso, é até capaz de blefar, mentir ou criar situações inusitadas.

Sua concepção permanece, porém, bem próxima daquela definida por Holmes, só que, em vez de *ciência* ou *dedução*, a palavra *razão* ocupa o lugar principal. "Vejam, meus senhores, qual é o meu sistema, eu não peço aos signos exteriores que me ensinem a verdade; eu lhes peço simplesmente para não irem contra a parte boa da minha razão!..." (LEROUX, 1960, p. 402).

É verdade que o termo "razão" permanece impreciso e intuitivo. Mas Rouletabille sugere que é preciso também saber desconfiar da razão, pois "há a parte boa e a parte ruim da razão". A precisão aparece na hora de definir a natureza da relação entre os rastros sensíveis e a razão: "Cometem-se tantos erros judiciários com as marcas sensíveis *porque elas lhe fazem dizer o que elas querem*. Não se deve de modo algum servir-se delas para raciocinar! É preciso raciocinar antes! E ver depois se as marcas sensíveis entram no círculo de seu raciocínio..." (LEROUX, 1960, p. 409).

Se Rouletabille é jornalista e não tem a atitude científica de Holmes, por outro lado, a própria estrutura do romance encarrega-se de fazer a apologia da ciência e dos cientistas. Os personagens visados pelo crime são todos os três pesquisadores de física da mais alta importância – o pai, a filha e seu noivo. E a atividade científica está no próprio centro da trama e de seu desenrolar.

Os três casos analisados até aqui parecem ser um reflexo de seu tempo tanto no que se refere à importância atribuída à razão e à ciência, quanto à própria concepção de ciência cujas marcas principais são os polos aqui tratados: de um lado, observação e análise, de outro, razão e dedução. Entretanto, não se trata de imaginar uma história linear e evolucionista para o romance policial. Podem-se encontrar, num mesmo autor, textos cuja estrutura contradiz qualquer análise evolucionista. Esse é o caso principalmente de Allan Poe, que escreveu *A carta roubada* (1981), onde a chave do mistério reside numa estrutura enunciativa: cada um tenta esconder a carta do outro, tornando-a o mais visível possível para seu olhar. A exceção é quando o detetive Dupin entra em cena e participa do jogo, pois ele o faz já sendo detentor da verdade inteira. De qualquer modo, esta estrutura de romance em que o centro da trama é a enunciação vai caracterizar o autor seguinte, este bem posterior a Poe.

Caso 4: O jade do mandarim [22]

Esse livro foi escrito em 1960, pelo autor americano Raymond Chandler, autor igualmente célebre na literatura policial. O personagem principal é o detetive particular que aqui se chama M. Evans, mas que, ao longo do texto é designado por "o particular", simplificação da expressão "detetive particular".[23]

Aqui, a busca da verdade segue de modo claramente diverso das precedentes: o saber se constrói na interlocução e, à medida que ele se elabora, é compartilhado e restituído às testemunhas. Esta restituição desempenha um papel estratégico porque visa, na verdade, mudar o jogo enunciativo estabelecido e fazer com que as testemunhas ou os suspeitos revelem, contra suas vontades, novos aspectos do caso. Mesmo se não fala tanto de sua atividade quanto seus colegas dos textos anteriores, "o particular" nos mostra que a explicitação do que sabe, enquanto estratégia enunciativa, ocupa um lugar central em seu trabalho. E cada vez que não consegue fazê-lo, fica bastante irritado: "Os policiais parecem muito com os jornalistas. Por uma razão ou por outra, eles nem sempre estão em condição de utilizar todos os elementos de que dispõem. Mas isso não quer dizer que sejam idiotas" (CHANDLER, 1972, p. 86).

Diferentemente dos anteriores, o detetive aqui está o tempo todo na linha de frente da ação e participa dela diretamente, o que faz com que esteja frequentemente ferido, surrado, em perigo de morte ou em estado deplorável. Nada a ver com a elegância dos detetives do começo do século; "o particular", na maior parte do tempo, está malvestido, com barba por fazer, sem dormir e morto de fome; só aparece fumando ou bebendo. Mas tudo que se passa nele ou com ele remete ao objeto de investigação, isto é, ao crime. Quando apanha de alguém, há sempre uma consequência para o jogo de forças entre os personagens e, a partir desse fato, alguma coisa se altera na cena seguinte.

---

[22] CHANDLER, 1972.

[23] No original, "o particular" não leva aspas. Optei aqui por usá-las para evitar eventuais confusões para o leitor.

Em Chandler, o trabalho de descoberta é sempre uma questão de enunciação, do dizer e das consequências do dizer. O dizer não equivale diretamente ao saber, mas é seu instrumento principal. Na estrutura do texto, os diálogos têm um lugar decisivo; cada vez que há um diálogo, o leitor sabe que é ali que alguma coisa vai acontecer. Mas não se trata de pensar que "o particular" tem uma arte especial para fazer perguntas. Embora no momento este não seja objeto de nossas análises, cabe mencionar, para contrastar, outro detetive igualmente célebre: Hercule Poirot, de Agatha Christie. A característica de Poirot é colocar perguntas inusitadas, quase absurdas, que ficam sem sentido para os outros personagens e também para o leitor. Em geral, referem-se a um detalhe mínimo e, por isso, não perturbam em nada a testemunha ou o suspeito que esteja sendo interrogado. É preciso esperar o final do livro para que se entenda a razão da pergunta. O diálogo conduzido pelo "particular" é de natureza diversa. O detetive não disfarça nada, não esconde nada e dirige-se diretamente ao sujeito. Faz ver ao outro exatamente aonde pretende chegar. Aliás, essa é uma das razões pelas quais é constantemente agredido e sempre hostilizado.

O detetive não se pensa como dono da verdade, mas ele a enuncia tal como a supõe para submetê-la à reação do outro. Por exemplo, no diálogo que se segue: "Dr. Sharp (um suspeito): 'Você acha que eu estou mentindo?'. 'O particular': 'Não. Você se afoba com muita facilidade para ser um bandido. Acredito simplesmente que...'". E segue dando sua versão do crime. Após o diálogo, a narração do detetive revela o efeito que suas palavras produziram no interlocutor: "Esmaguei a guimba do meu cigarro com o sapato e acendi um outro. O rosto miúdo do Doutor Sharp ficou branco como farinha. Gotas de suor salpicaram seu bigode fino" (CHANDLER, 1972, p. 97). Ou então, seu diálogo serve a outro: O delegado diz a um suspeito: "Não foi isso que você contou a M. Evans. Tenho a impressão de que você explicou o caso a M. Evans de modo um pouco diferente" (CHANDLER, 1972, p. 208).

Resumindo, pode-se dizer que a cena aqui é a cena enunciativa e que os dados não são trazidos por falas transparentes; ao contrário, a fala é problematizada, é instrumento de ação e ela própria está em jogo. As condições em que algo é dito, a quem é dito, seu efeito sobre a relação entre as posições enunciativas, tudo isso constitui a enunciação como lugar de descoberta.

Os outros detetives empreendiam a investigação com um esquema em mente a partir do qual tudo deveria ser integrado e acabava fazendo sentido. "O particular" nunca sabe nada, não vê nada, está sempre meio perdido. Não há retenção e acumulação de um saber que se confirmará e se revelará ao final. O saber está sempre em jogo, faz parte do jogo. Diríamos que o detetive aqui joga com o seu não saber e que o pouco que sabe, ele conta para os outros. Seu percurso só pode ser reconstituído *a posteriori*, pois a todo momento ele é deslocado e obliterado pelo *outro*. Há questões cruciais que devem ser respondidas e são elas que o orientam, mas não há propriamente um método; a única certeza no ponto de partida é de que sua entrada no jogo, pelo próprio fato de ele ser um detetive e de não o esconder a ninguém, vai produzir efeitos nas relações do jogo. Ou seja, para desvelar o jogo, é inevitável entrar nele e *alterá-lo*.

Palavra-ação, ação-enunciação, impossível distinguir um elemento do outro e, no entanto, comparado aos precedentes, esse texto é o menos discursivo e é aquele em que mais existe ação. É que o detetive fica pouco tempo sozinho, em momentos de introspecção ou reflexão, e, ao mesmo tempo, poucas coisas acontecem sem que ele esteja presente. Pode-se quase dizer que o que ele descobre, ele o faz a partir e por causa de sua presença nos acontecimentos. E que essa presença é, em grande parte, presença em interlocução.

Acreditamos ter encontrado em Chandler um possível paralelo com as ciências humanas quando as tomamos enquanto ciências do discurso: na situação de campo, o pesquisador se vê ocupando diferentes lugares enunciativos e o que ele procura só pode se dar como efeito de sua presença no jogo enunciativo. Seu papel está definido *a priori* e é claro para todos, inclusive para ele: ele é aquele que investiga, aquele que quer saber. Mas de que lugares poderá ele saber? Ele é locutor, posto que fala e o que fala interfere necessariamente no sentido e na sequência do que diz o *outro*. Ele é destinatário, pois sua presença é necessariamente levada em conta por aquele que fala, o que o torna, portanto, coautor do que é dito. Finalmente, o pesquisador é também objeto do discurso do outro, o que faz com que ninguém possa saber sobre o que se falaria caso ele ali não estivesse. Entretanto, mesmo perdido nesse emaranhado vertiginoso de perspectivas, ele não deixa de ser pesquisador. É bom não esquecer que "o particular" é sempre um detetive; mudar de lugar enunciativo não significa mudar de lado.

Por um lado, tudo isso quer dizer que o que o *outro* diz não pode nunca ser restituído no texto da pesquisa em seu suposto sentido original. Em uma concepção dialógica do discurso, não existe sentido original, uma vez que tudo que é dito é dito a alguém e este, quando escuta e quando transmite, intervém na construção do sentido. A consequência é que, se queremos trabalhar com o dizer na sua dimensão enunciativa, é preciso tomar o dizer do pesquisador e a sua presença no jogo enunciativo como fazendo parte daquilo que se quer analisar.

Por outro lado, se existe *outro*, como diz Levinas (1995), nem tudo pode ser dedutível. Evidentemente, não há pesquisa se, desde o início, já não estiverem colocadas questões e toda questão supõe uma problemática. A diferença entre uma pergunta e uma questão é que esta só pode se colocar no interior de um campo teórico e este imprime necessariamente um rumo à pesquisa. No começo, portanto, há questões e, de preferência, tal como para o detetive, questões cruciais. A problemática coloca o trabalho do pesquisador em relação orgânica com o de outros pesquisadores e assim, inscreve-o na arena do pensamento. Quanto aos métodos que eventualmente se formulem *a priori*, é preciso admitir que eles só podem ser postos para serem *alterados*. E as próprias questões, quando de fato acontece pesquisa, ao final não serão mais as mesmas, o que implica em que se fará avançar o campo teórico de partida, e/ou outros campos teóricos deverão ser convocados.

Pode-se, entretanto, tentar fazer calar as *vozes* que se encontram no caminho da pesquisa e buscar a todo custo uma significação estável e unívoca para o que se analisa. Basta fazer trabalhar "a parte boa (ou a ruim?) de nossa razão" e integrar tudo que se apresenta sob nossos olhos no esquema imutável da partida. Os questionários, as escalas de atitude, o espelho "one-way", etc. são estratégias para tratar a palavra do *outro* como se fosse comportamento – algo que se pode observar independentemente do efeito de nossa presença na construção do sentido. Basta fazer falar o sujeito e se tem acesso ao que ele quer dizer. Na verdade, por esses meios, o pesquisador acede apenas àquilo que ele mesmo já queria dizer. A estranha impressão de tautologia ou de círculo vicioso que nos dá esse tipo de pesquisa vem exatamente desta recusa de *alteridade*: a pesquisa serve apenas para confirmar o que já havia sido construído antes de encontrar o *outro*. Simplesmente, como diria Bakhtin,[24] perde-se assim a tensão constitutiva das ciências humanas que as situa entre os polos opostos da explicação e da interpretação. Como ciência, a pesquisa não pode renunciar à dedução e aos esquemas mentais; todo pesquisador é

---

[24] BAKHTIN, 1984.

necessariamente Sherlock Holmes. Mas como ciências do discurso, a pesquisa coloca em cena um jogo enunciativo de múltiplas posições, do qual o pesquisador necessariamente participa. Seu trabalho é fazer com que esse jogo seja ouvido na complexidade de suas vozes. E é também mostrar que dele participa na qualidade de intérprete. É preciso sublinhar que, para Bakhtin (1984), é o discurso que constitui a especificidade do humano. Desprezar essa dimensão é condenar a pesquisa ao que no homem não é crucial. Pois é justamente essa impressão que nos dão as pesquisas saturadas de método e de univocidade: de que não há nada de crucial naquilo de que tratam.

Na abordagem polifônica que constrói Bakhtin (1970) no campo literário, o personagem é sempre portador de seus ancestrais. Do mesmo modo entendemos o pesquisador: tal como o detetive, ele é marcado por uma história em que é Holmes, Dupin, Rouletabille, M. Evans e, por que não, Poirot. Inútil querer tomar essa tipologia de modo dicotômico e tentar suprimir um desses ancestrais de modo categórico; ele estará sempre lá, falando em algum lugar. Nossa análise visa, antes, ampliar o horizonte da pesquisa, dando espessura ao personagem do pesquisador, permitindo que ele se nutra de sua história.

Do campo ao texto

Analisemos agora dois exemplos extraídos de autores clássicos da pesquisa em ciências humanas, Mauss e Freud. Da obra do antropólogo, *Ensaio sobre o dom* é talvez o texto que mais nutriu e que nutre até hoje a reflexão sobre os fundamentos sociais do humano. Nele, está posto que o *dom*, desdobrado em seus três tempos – dar, receber, devolver – é a base do laço social nas sociedades tradicionais. Marcel Mauss (1950) parte da declaração de um informante maori, o sábio Tamati Ranaipiri:

> Suponha que você possui um artigo determinado; você me dá esse artigo sem fixar um preço por ele. Não fazemos nenhum negócio com ele. Ora, eu dou esse artigo a uma terceira pessoa que, passado um certo tempo, decide me restituir algo como pagamento (*utu*), me dá algo de presente (*taonga*). Ora, esse *taonga* que ele me dá é o espírito (*hau*) do *taonga* que eu recebi de você e que eu dei a ele. Os *taonga* que recebi por esses *taonga* (que recebi de você), eu preciso devolver a você.[25]

---

[25] MAUSS, 1950, p. 158-159. No original: "Supposez que vous possédez un article déterminé (*taonga*) et que vous me donnez cet article; vous me le donnez sans prix

Depois de Mauss (1950), vários autores retomam a ideia do dom como fundamento do laço social e desenvolvem suas próprias interpretações. Cada um deles reformula a teoria em função de sua perspectiva como, por exemplo, Lévi-Strauss, que, divergindo da abordagem semiótica de Mauss, propõe uma análise lógica para o lugar do dom na estrutura social maori. Interessa para nossa reflexão a maneira como os diferentes autores constroem seus objetos de pesquisa, pois, segundo Kilani (1990),[26] a maioria deles não leva em conta a condição essencialmente discursiva do objeto e esquece "a situação de informação e o processo enunciativo que liga o antropólogo a seu interlocutor".[27]

A declaração maori em sua origem foi colhida pelo antropólogo neozelandês Elsdon Best (1909), e suas diferentes partes constituem respostas a perguntas colocadas em diferentes momentos por esse mesmo antropólogo. O *Ensaio sobre o dom* parte, portanto, do texto de Best (1909) e não da declaração de Tamati Ranaipiri. Do mesmo modo, a maioria dos autores posteriores a Mauss (1950) partem dele e não da declaração maori, o que leva Kilani (1990) a propor como categoria de análise dos inúmeros textos que se baseiam na teoria de Mauss (1990) o *grau de presença ou de apagamento* do texto maori. Chega então a diferentes figuras textuais que vão desde o *apagamento total* até a *presença forte*.

Temos, assim, um caso extremamente significativo do problema da enunciação na história das ciências humanas. A construção do objeto de pesquisa é sempre de um *objeto já falado*, pois outros dele trataram e esses diferentes discursos fazem parte dele. O pesquisador dialoga com eles ao tentar definir seu objeto e seu recorte. Mais do que isso, trata-se de um *objeto falante*, que é, ele mesmo, *discurso*. Discurso sobre discurso sobre discurso e assim sucessivamente, em séries infinitas. O curioso nesse exemplo célebre é que ele ocorre justamente em se tratando da *coisa que tem um espírito* (*hau*). Não será esse o caso de todos os objetos de que tratamos em nossas pesquisas?

---

fixé. Nous ne faisons pas de marché à ce propos. Or, je donne cet article à une troisième personne qui, après qu'un certain temps s'est écoulé, décide de rendre quelque chose en paiement (*utu*), il me fait présent de quelque chose (*taonga*). Or, ce *taonga* qu'il me donne est l'esprit (*hau*) du *taonga* que j'ai reçu de vous et que je lui ai donné à lui. Les *taongas* que j'ai reçus pour ces *taonga* (venus de vous), il faut que je vous les rende. [...]"

[26] KILANI, 1990, p. 135-167.

[27] KILANI, 1990, p. 139.

Objetos circulantes no discurso que ganham alma pelo fato de serem ditos, reditos e *e-ditados*?

Para concluir, vejamos em seguida um trecho da obra de Freud. Gostaria antes de assinalar que o problema da escrita da clínica foi evocado algumas vezes pelo próprio Freud (1999), o que, segundo nossa interpretação,[28] desempenhou um papel importante na construção de seu estilo. Trata-se do caso clínico de fobia do pequeno Hans, cujo discurso é tomado como material de análise. Nesse texto, temos a seguinte particularidade: Hans fala para seu pai ou para sua mãe. O trabalho de Freud é quase que inteiramente baseado nos relatos do pai. Relatos em grande parte escritos e dirigidos estritamente a Freud. No início do texto, Freud (1999) explica que se encontrou com Hans apenas uma vez e que forneceu ao pai as linhas gerais de orientação (tratamento e educação) psicanalítica que o pai deveria seguir em relação ao filho. Pode-se então dizer que não é apenas Hans quem fala no que ele diz. Seu discurso é habitado pela voz do pai e/ou da mãe, o que deixa em aberto a questão da interpretação do discurso de Hans.

A cadeia de endereçamento é a seguinte:

a) o filho se dirige ao pai – numa perspectiva dialógica, pode-se dizer que o filho, ao se dirigir ao pai, já está respondendo a alguma coisa que o pai lhe comunica ou significa;

b) o filho se dirige à mãe, que relata ao pai o que o filho lhe disse – a questão anterior aparece aqui duplicada: pode-se dizer que Hans responde ao que a mãe de algum modo lhe significa e esta, por sua vez, relata ao pai já levando em conta uma determinada predisposição do pai a escutá-la;

c) o pai se dirige a Freud e o que ele diz faz sentido pela sua inscrição no diálogo com Freud – ou seja, quando o pai se dirige a Freud ele também quer lhe significar algo em relação ao que este (Freud) lhe (o pai) significa. Por exemplo, na p. 105, pode-se ler:

> Caro doutor,
>
> Eu vos endereço ainda uma coisa que concerne a Hans e, infelizmente, desta vez é realmente uma contribuição à história de um caso. Como o senhor verá, nesses últimos dias, manifestaram-se nele alguns distúrbios nervosos que muito nos têm preocupado, a mim e a minha mulher, porque não conseguimos encontrar

---

[28] AMORIM, 2009.

nenhum meio de dissipá-los. Eu vou me permitir ir amanhã... vos encontrar, mas... vos remeto um relatório escrito daquilo que pude recolher.²⁹

Os objetivos de Freud quando ouve/lê o que lhe diz o pai são explícitos: obter elementos para demonstrar suas hipóteses sobre a sexualidade infantil, as quais se constroem na clínica psicanalítica com pacientes adultos.

> Seria então impossível observar diretamente na criança, em seu pleno frescor, esses impulsos sexuais [...] que constituem patrimônio comum de todos os homens e que somente se manifestam no neurótico de modo desfigurado ou reforçado? [...] É com esse objetivo que tenho incitado meus alunos e meus amigos a recolher observações sobre a vida sexual das crianças [...].³⁰

Finalmente, o último elo da cadeia³¹:

d) Freud escreve dirigindo-se ao leitor e citando o discurso de Hans mencionado pela mãe e pelo pai.

Indaguemos as consequências epistemológicas da cadeia enunciativa aqui descrita. O papel do polo interpretativo na elaboração da teoria psicanalítica aparece aqui com toda sua riqueza e complexidade. No próprio texto, Freud nos indica que Adler interpretaria diferentemente o discurso de Hans em função de sua teoria sobre os instintos agressivos. Poder-se-ia, também, por exemplo, interpretar o discurso de Hans em função da educação que recebe de seus pais e, mais do que isso, em função da orientação que os pais recebem de Freud. A propósito, sobre as relações de Freud com a mãe de Hans, nas p. 193-194, lê-se o seguinte: "Sua bonita mãe havia, com efeito, sofrido de uma neurose devido a um conflito na época em que era mocinha. Foi então que pude de alguma maneira ajudá-la e dessa ocasião datam de fato minhas relações com os pais de Hans" (FREUD, 1999).

Além disso, a escuta desses pais está claramente aguçada e voltada para questões relativas à sexualidade infantil, uma vez que se colocaram

---

²⁹ FREUD, 1999, p. 105.

³⁰ FREUD, 1999, p. 94.

³¹ Na verdade, o encerramento da cadeia discursiva nesse ponto somente pode ser tomado como provisório, pois poder-se-ia acrescentar, por exemplo, minha escrita desse artigo endereçada a determinados leitores, etc., etc.

na posição de ajudar Freud em sua pesquisa. Nesse sentido, é interessante citar o seguinte trecho dos escritos do pai:

> Como não quero deixar Hans na tensão psíquica em que esteve até então devido a seu amor pela menininha, eu os apresento e convido a menininha a vir vê-lo no jardim quando ele tiver terminado de fazer a sesta. Hans fica tão agitado com a espera, que não consegue dormir naquela tarde e se remexe o tempo todo na cama. Sua mãe lhe pergunta: "Por que você não dorme? Está pensando na menininha?". Ele responde que sim, todo contente.[32]

O que é mais interessante, porém, é que Freud se dá conta do problema e antecipa essa objeção: "A segunda e mais séria objeção é a seguinte: a análise de uma criança feita por seu pai, quando esse pai aborda essa análise imbuído de *minhas* visões teóricas, infectado de *meus* preconceitos, é desprovida de qualquer valor objetivo".[33]

A resposta de Freud à objeção mencionada recorre evidentemente aos pressupostos teóricos da psicanálise e não vem ao caso desenvolvê-la aqui. Quero apenas assinalar que a consciência de Freud a respeito dos limites e dos problemas concernentes ao trabalho com o discurso citado não se deve, ou pelo menos não apenas, a sua indiscutível genialidade, mas, mais uma vez, à própria natureza do objeto. A psicanálise inventada por Freud é a primeira disciplina a colocar em prática e a sistematizar o que viria a ser definido por Bakhtin (1984) como especificidade das ciências humanas, isto é, *o trabalho com e sobre o discurso*. Do mesmo modo, aliás, não me parece um acaso o fato de que tenha sido Bakhtin, um teórico da literatura, quem melhor tenha definido essa especificidade. Acredito que também para Bakhtin, foi a natureza do seu objeto de pesquisa que o conduziu à compreensão profunda do estatuto do texto nas ciências humanas.

Referências

AMORIM, M. *O pesquisador e seu Outro: Bakhtin nas ciências humanas*. São Paulo: Musa, 2001.

AMORIM, M. A contribuição de Mikhail Bakhtin: a tripla articulação ética, estética e epistemológica. In: FREITAS, M.T.; JOBIM E SOUZA, S.; KRAMER, S. *Ciências humanas e pesquisa: leituras de Mikhail Bakhtin*. São Paulo: Cortez, 2003.

AMORIM, M. *Raconter, démontrer... survivre: formes de savoir et de discours dans la culture contemporaine*. Toulouse: Erès, 2007.

---

[32] FREUD, 1999, p. 103.

[33] FREUD, 1999, p. 166 (grifo meu).

AMORIM, M. Freud e a escrita da pesquisa. *Eutomia,* Recife, v. I, n. 4, dez. 2009. Disponível em: <https://periodicos.ufpe.br/revistas/EUTOMIA/article/view/1787/1359>. Acesso em: 02 out. 2017.

BAKHTIN, M. *La poétique de Dostoievski.* Paris: Seuil, 1970.

BAKHTIN, M. *Esthétique de la création verbale.* Paris: Gallimard, 1984.

BAKHTIN, M. *Pour une philosophie de l'acte.* Lausanne: L'Âge d'Homme, 2003.

BENVENISTE, E. L'appareil formel de l'énonciation. In: *Problèmes de linguistique générale.* Paris: Gallimard, 1966a. v. I.

BENVENISTE, E. Les relations de temps dans le verbe français. In: *Problèmes de linguistique générale.* Paris: Gallimard, 1966b. v. I.

BEST, E. Maori Forest Lore, part III. In: *Transactions and proceedings of the New Zealand Institute.* Wellington: New Zealand Institute, v. 42, p. 433-481, 1909.

CHANDLER, R. *Le jade du mandarin.* Paris: Gallimard, 1972.

COLI, J. Histórias de mistério. *Folha de S.Paulo,* São Paulo, 15 set. 1996. Caderno Mais. Disponível em: <*www1.folha.uol.com.br/fsp/1996/9/15/mais!/17.html*>. *Acesso em: 30 jan. 2018.*

DOYLE, C. *Sherlock Holmes.* Paris: Bouquins Robert Laffont, 1956. v. I.

DUFOUR, D.-R. *Os mistérios da trindade.* Rio de Janeiro: Companhia de Freud, 2000.

FREUD, S. Analyse d'une phobie chez un petit garçon de 5 ans (Le petit Hans). In: *Cinq psychoanalysis.* Paris: PUF, 1999.

HANSEN, J. A. Forma, indeterminação e funcionalidade das imagens de Guimarães Rosa. In: SECCHIN, A. C.; GOMES DE ALMEIDA, J. M.; GUIMARÃES DE FARIA, M. L.; MELO E SOUZA, R. (Orgs.). *Veredas no Sertão Rosiano.* Rio de Janeiro: 7 Letras, 2007.

KILANI, M. Que de *hau*! Le débat autour de l'*Essai sur le don* et la construction de l'objet en anthropologie. In: ADAM, J-M.; BOREL, M-J.; CALAME, C.; KILANI, M. *Le discours anthropologique.* Paris: Méridiens Klincksieck, 1990.

LEROUX, G. *Le mystère de la chambre jaune.* Paris: Livres de Poche, 1960.

LEVINAS, E. La trace de l'Autre. In: MÜNSTER, A. (Dir.). *La différence comme non-indifférence.* Paris: Kimé, 1995.

LÉVI-STRAUSS, C. The Structural Study of Myth. In: MYTH, a Symposium. *Journal of American Folklore,* Bloomington, v. 78, n. 270, p. 428-444, oct.-déc. 1955.

LYOTARD, J.-F. *La condition post-moderne.* Paris: Minuit, 1979.

MAUSS, M. Essai sur le Don: forme et raison de l'échange dans les sociétés archaïques. In: *Sociologie et anthropologie.* Paris: PUF, 1950.

POE, E. A. *Histoires extraordinaires.* Paris: France Diffusion, 1988.

POE, E. A. *A carta roubada.* São Paulo: Victor Civita, 1981. Disponível em: <https://edisciplinas.usp.br/pluginfile.php/1918730/mod_folder/content/0/Poe%20CARTA%20ROUBADA.pdf?forcedownload=1>. Acesso em 31 jan. 2018.

SERRES, M. Mathématique: le dialogue platonicien et la génèse intersubjective de l'abstraction. In: *Hermès I: la communication.* Paris: Minuit, 1968.

Transmissão e saber em psicanálise:
(in)passes da clínica

Angela Vorcaro

Partiremos aqui de uma assertiva feita por Erik Porge (2000) em um debate do encontro com psicanalistas em São Paulo. Segundo o autor,

> [...] faz parte da transmissão da psicanálise refletir sobre a natureza do objeto que se transmite no próprio tempo em que isso se produz. Há na transmissão algo que não o simples registro da passagem de um enunciado, mas um movimento de retorno sobre o que se transmite para apreender o lugar em que se situa o sujeito (PORGE, 2000, p. 90).

As diversas modalidades de transmissão da e na psicanálise são lembradas pelo autor, que ainda sugere que, entre o *na* e o *da*, poderíamos pensar em situar seus modos como intensão e extensão. O grande problema a ressaltar, entretanto, é o modo de articulá-los. Afinal, a *transmissão na psicanálise* refere-se aos efeitos de transmissão que se produzem na cura analítica entre analisante e analista, que concernem a relação com o inconsciente. Enquanto isso, a *transmissão da psicanálise* (com o duplo sentido de objetivo e subjetivo) implica estudar modos de passagem e de recobrimento. Afinal, ao *transmitir um saber a outros a fim de informá-los*, estamos no campo da transmissão da teoria, ou seja, no campo da extensão. Por outro lado, *transmitir um savoir-faire é transmitir um método que permitirá a outros realizar tarefas*, o que ocorre numa cura, campo da intensão.

A transmissão que pode ocorrer pela via da filiação entre gerações familiares engendrando repetições é também observada na psicanálise.

Trata-se da transmissão pela transferência entre gerações de psicanalistas e entre analista/analisante. Porge (2000) nos lembra que, entre Freud e Anna Freud, entre Lacan e Miller, houve conexão que costurou a transmissão da psicanálise e a transmissão familiar, lembrando que seus efeitos não foram em nada encorajadores como transmissão.

Efetivamente, a dissimetria que incide na transmissão que tem efeito em uma psicanálise é de ordem bastante distinta daquela que, por meio da exemplificação de relatos clínicos, orienta as práticas psicológicas. Mais que dissimetria, trata-se, na psicanálise, de problematizar a disparidade conceituada como *transferência,* e que se refere à suposição de saber que o psicanalisante localiza no psicanalista. Esta disparidade imaginária de saber (que virá a ser, ao final dessa psicanálise, destituída) se estabelece a partir do endereçamento de uma demanda, pelo solicitante, ao psicanalista.

O encontro do psicanalisante com o psicanalista só será iniciado a partir do estabelecimento da transferência. Esta modalidade de laço artificial exige objeção a duas noções caras às práticas psicológicas: intersubjetividade e terapêutica.

Ao considerarmos as implicações do uso da fala, com Lacan, evidenciamos que a intersubjetividade é um obstáculo à transferência. Vejamos. A hipótese do inconsciente formulada por Freud exigiu de Lacan distinguir o saber (ou seja, o lugar da operação da linguagem) do semelhante (ou seja, aquele que uma consciência supõe outra), outro imaginário. A *transferência* tem como eixo a noção de *sujeito suposto saber.* Isso se deve à ficção de que o saber desconhecido pelo psicanalisante e próprio a seu funcionamento inconsciente é suposto e localizado pelo psicanalisante nesse psicanalista. Por isso, o discurso que uma psicanálise instaura só acontece com a formação deste terceiro, que não é real, mas é suposto: o sujeito suposto saber, separado do psicanalisante. Entretanto, o psicanalista só se habilita à função ao diferenciar sua pessoa do lugar que lhe é atribuído, pois, caso ele se adira a esse equívoco, supondo-se encarnar o saber, ele exercerá poder de sugestão e de coação, mas dissolverá a possibilidade de aí haver uma psicanálise.

Portanto, não se trata de uma relação intersubjetiva. Ultrapassá-la implica ainda diferenciar uma psicanálise de uma terapêutica. Afinal, terapêutica é reestabelecimento do estado primitivo, impossível de se enunciar a partir da psicanálise, pois esta não racionaliza, nem controla previamente seus efeitos, sendo, entretanto, uma prática cujo ato incide radicalmente no regime da economia pulsional do sujeito, que assim se transforma (BIRMAN, 1994).

O psicanalista tem uma relação direta com o saber do sujeito suposto. Ele nada sabe deste saber suposto, mas ele tem um saber "em reserva", que lhe permite ordenar logicamente o não sabido. É o não saber do clínico que permite ao sujeito a iniciativa de construir seu projeto de saber. Trata-se de assumir a posição de não saber, de aprendizagem e de pesquisa que desieraquiza e esvazia o saber prévio, dissipando o caráter imaginário na medida em que comporta uma condição de tratamento adequada à posição subjetiva que ela acolhe. Permitindo saber não saber de uma boa maneira, essa posição transmite o que, da condição do sujeito, pode lhe permitir fazer-se com isso (ZENONI, 2000).

Constituir o suporte de um ponto de ignorância para reintroduzir o que não se sabe como eficácia operatória (COSTA, 2006) exige considerar a hipótese do inconsciente. Trata-se da aposta de que, além da alienação reprodutiva do discurso que o enreda, a busca de tratamento implica em o psicanalizante sustentar a crença de que seu mal-estar quer dizer mais do que ele mesmo sabe, e que o endereçamento dele ao psicanalista recruta a possibilidade de que, ao passar pela coisa do outro (ALLOUCH, 1995), possa se reinventar outra coisa. Em outros termos, localizar um saber insabido na singularidade do sintoma, bordeando-o com um ato enunciativo de interrogação deste sintoma pelo solicitante, é o desdobramento que se espera ocorrer numa análise. Cabe lembrar que singularidade tem aí acepção matemática: a singularidade é o valor que explode uma função (SAURET, 2006). É o fracasso de seu equacionamento mais íntimo que perturba o sujeito, a ponto de supor que alguém saiba curá-lo. Re-situar esse alguém, não no clínico, mas no próprio sintoma é a operação de destituição subjetiva: reconhecimento de que o saber insabido está no próprio sintoma (SAURET, 2006), atualizado no encontro de formulações enunciativas.

A importância dessa perspectiva deve-se ao que o tratamento possível dos sujeitos impõe: a interrogação sistemática das modalidades pelas quais o discurso instituído enquadra os sujeitos pela criação de meios que o transbordem, de modo a acolher e tratar a singularidade do sujeito.

Transformar o atendimento clínico em um lugar de interrogação sobre a própria teoria psicanalítica e sobre sua transmissão convoca o clínico a suportar o insabido, testemunhando as ocorrências da clínica, problematizando conceitos que lhe são correlativos e expondo-se à refutação. Para isso, é necessário que as ocorrências da clínica sejam acolhidas pelo clínico que as testemunha, de modo a constituírem-se em um obstáculo à decisão interpretativa imediata, para assim interrogar o discurso teórico que a referenda.

Ao produzir esse esgarçamento na continuidade imaginária da teoria – problematizando o próprio desconhecimento, seus equívocos e encobrimentos, diante daquilo em que os enigmas da clínica engastam –, aborda-se esse ideal de clínica no seu vértice simbólico. Isso implica detenção na estranheza que a clínica oferece à compreensão, para, desse lugar, situar os limites do saber disciplinar (VORCARO, 1996). Trata-se, portanto, de criar as condições para a consideração da diferença e da desarmonia diante do confronto provocado pela singularidade e resistência da clínica permita interrogar o que a prática tem de arrojado (LACAN, 1977).

Não é simples operacionalizar a prática clínica de modo a que ela suporte a tensão entre a manifestação de um sujeito e a teoria que enquadra sua observação e sua escuta. Pode-se, facilmente, fazer escolhas e recrutamento de dados que impeçam o discernimento do detalhe em que se aloca a singularidade que cada caso coloca *fora da pauta*. A decorrência dessa dificuldade é o risco de abolição da tensão entre o singular do sujeito e o universal da teoria, operante na clínica, em função do que já está categorizado. O esquecimento da tensão *singular-universal* privilegia o *particular* que as teorias nos oferecem, fazendo da clínica um dispositivo de obturação do desconhecido e não uma possibilidade de recolher a incomensurabilidade através do que o clínico testemunha (VORCARO, 1999).

Vale ressaltar a importância do que Porge (2009) recorta e interroga, para nos permitir discutir a especificidade da transmissão da psicanálise: *o laço entre transmissão e transferência*. Afinal, enquanto a transmissão de conhecimento implica necessariamente a transferência entre aprendiz e ensinante, entre analisante e analista, a transferência, mesmo que permita algo da transmissão, pode efetivamente obstaculizá-la. Isso porque a transmissão em psicanálise equivale à colocação em questão da transferência: momento de des-ser, em que se desvela o inessencial do sujeito suposto saber.

Lacan (2003a [1967]) contrapõe-se aos analistas que adotam a palavra de ordem da aliança com a parte sadia do eu, resolvendo, assim, a passagem ao analista pela postulação, nele, desta parte sadia:

A passagem de psicanalisante a psicanalista tem uma porta cuja dobradiça é o resto que constitui a divisão entre eles, porque essa divisão não é outra senão a do sujeito, da qual esse resto é a causa. Nessa reviravolta em que o sujeito vê soçobrar a segurança que extraía da fantasia em que se constitui, para cada um, sua janela para o real, o que se percebe é que a apreensão do desejo não é outra senão a de um des-ser. Nesse *des-ser revela-se o inessencial do sujeito suposto saber*, donde o futuro psicanalista entrega-se ao αγαλμα da essência do desejo, *disposto a pagar por ele em se reduzindo, ele e seu nome, ao significante qualquer*. Porque ele rejeitou o ser que não sabia a causa de sua fantasia, no exato momento em que, finalmente, esse saber suposto, ele passa a sê-lo (LACAN, 2003a [1967], p. 259, grifos nossos).

Porge (2009) desdobra esta perspectiva de Lacan localizando o laço antinômico da transmissão em psicanálise com a transferência, que está em jogo na passagem de analisante a analista. Afinal, a transmissão na psicanálise é indireta e surge no hiato entre enunciado e enunciação: entre verdade/saber/gozo e o real. Efetivamente, Lacan (2003a [1967]) aborda a "sombra espessa que encobre a junção em que o psicanalisante passa a psicanalista" (p. 258), situando o desejo do analista como enunciação que só pode operar na posição de x cuja solução entrega ao analisante e cujo valor é notado $(-\varphi)$. Ao término da relação transferencial resolve-se o desejo que sustentara o psicanalisante, o que implica em destituir o analista como sujeito, deixando-o decair da fantasia.

Articulando a passagem de psicanalisante a psicanalista com a verdade, o saber, o gozo e o real, Lacan (2003b [1967]) reconhece na verdade um além do princípio da realidade barrada pelo saber da ciência, tal como no gozo um além do princípio de prazer, impedido pelo prazer. Assim como o prazer impede o acesso ao gozo, o saber barra a verdade. Portanto, para Lacan (2003 [1967]), é pelo gozo que a verdade resiste ao saber, como informa a verdade do sintoma ao operar o descrédito da razão. A verdade, para Lacan, é a satisfação. Como a satisfação está exilada no deserto do gozo, o prazer se opõe à satisfação. Por isso, a realidade é comandada pela fantasia na qual o sujeito se realiza em sua divisão: a satisfação limita-se ao desvio operado na montagem pulsional e a realidade do sujeito tensiona-se entre o falso sujeito do "eu penso", sujeito do conhecimento e o *objeto a*, resíduo corporal. Escolher a realidade pensada é renunciar ao "eu sou" do gozo, ou seja, o "eu não penso".

> A realidade pensada é a verdade da alienação do sujeito, é seu rechaço para o des-ser, para o "eu sou" renunciado. O que exprime o "eu não penso" do analista é essa necessidade de que o rechaça para o des-ser. [...] O psicanalisante é aquele que chega a realizar como alienação o seu "eu penso", isto é, a descobrir a fantasia como motor da realidade psíquica, a do sujeito dividido. [...] [O analista] só faculta ao sujeito sua verdade ao se oferecer, ele mesmo, como suporte do des-ser graças ao qual esse sujeito subsiste numa realidade alienada, sem nem por isso ser incapaz de se pensar como dividido, do que o analista é propriamente a causa (LACAN, 2003b [1967], p. 357-8).

Essas ponderações nos obrigam a retomar a função da escrita do caso clínico na transmissão da psicanálise, para situarmos a passagem operada entre Freud e Lacan na transmissão da psicanálise. Se podemos localizar as diferenças entre eles quanto aos modos de transmissão, interrogamos em que medida uma diferença supera a outra. Seguiremos as observações de Jean Allouch (1993), que nos lembra a especificidade da transmissão freudiana da psicanálise, que não se restringiu à explicitação de um método. Allouch (1993) nos lembra que o método psicanalítico não equivale, nem se limita às importantes balizas técnicas esboçadas por Freud. Foi exatamente por não ter tornado seu método explicitamente disponível que Freud conseguiu trilhá-lo e transmiti-lo por meio de monografias clínicas. Foi devido à escassez de recomendações técnicas, consideradas como imanentes ao método psicanalítico, que Allouch (1993) pôde afirmar que o discurso do método freudiano é expresso na prática metódica que faz dele um método. A série de monografias clínicas constituíram, na repetição diferencial da série, um método.

Assim, Freud teria impedido o risco de reduzir seu método a uma técnica, que o tornaria passível de aplicabilidade. E, como constatamos, a aplicação de uma técnica, como sabemos, pressupõe a detenção de um conhecimento que universaliza o objeto e apaga sua manifestação singular.

O próprio Freud (1922) distancia a psicanálise de uma técnica ao asseverar que a psicanálise propõe a trama indissolúvel entre método de investigação e prática clínica, pois ela: "se atém aos fatos de seu campo de estudo, procura resolver os problemas imediatos da observação, sonda o caminho à frente com o auxílio da experiência, acha-se sempre pronta a corrigir ou modificar suas teorias" (FREUD, 1922).

Fazer valer tais especificidades conduz a constatar que método, diferentemente da técnica, só pode ser concebido de modo indissolúvel do que se convencionou chamar de objeto. Recorremos a Canguilhem (1966 [1958]), que nos guia quanto à relação entre objeto e método da ciência:

> Procurou-se, por muito tempo, a unidade característica do conceito de uma ciência na direção de seu objeto. O objeto ditaria o método usado para o estudo de suas propriedades. Mas era, no fundo, limitar a ciência à investigação de um dado, à exploração de um domínio. Quando se constatou que toda ciência se dá mais ou menos seu dado e dele se apropria, e desse fato, o que se chama seu domínio, o conceito de uma ciência progressivamente tem bem mais o estatuto de seu método do que de seu objeto. Ou, mais exatamente, a expressão "objeto da ciência" recebeu um sentido novo. O objeto da ciência não é mais somente o domínio de seus problemas, dos obstáculos a resolver, é também a intenção e a visada do sujeito da ciência, é o projeto específico que constitui como tal uma consciência teórica (CANGUILHEM, 1996 [1958], p. 78).

Podemos depreender, do argumento de Canguilhem, a intimidade necessária, na pesquisa, entre método e objeto, ou seja, a abertura da perspectiva de transposição entre método e objeto. No que se refere à transmissão da pesquisa em psicanálise, abordar o caso clínico implicaria, num só tempo, em suster, na trama da escrita, o método clínico e a hipótese do inconsciente.

Entretanto, será necessário avançarmos mais para deixar-se esboçar a diferença entre o caso exemplar e a transmissão da investigação clínica em psicanálise para tentar cernir "como" e "se" a escrita do caso pode transmitir a psicanálise. Para isso, será interessante distinguir inicialmente o uso do caso como exemplo da teoria, ou seja, como "vinheta", já que este é o apelo sistemático feito por muitos pesquisadores em psicanálise. Thomas Kuhn (1990) nos permite situar a função exemplar do caso a partir de sua definição da função gramatical do paradigma:

> Se não se ensinam definições aos cientistas, são-lhes ensinados métodos tipo de resolver problemas escolhidos [...]. Se eles assimilam um conjunto suficiente desses exemplos tipo, eles podem modelar sobre eles sua pesquisa ulterior, sem precisar haver acordo sobre o conjunto das características que fazem deles exemplos tipo, justificando sua aceitação. Esse procedimento

> parece bastante próximo àquele pelo qual os estudantes de línguas aprendem a conjugar verbos e a declinar nomes e adjetivos. Eles aprendem, por exemplo, amo, amas, amat, amamus, amatis, amant, e usam essa forma tipo para obter o presente do indicativo de outros verbos da primeira conjugação latina. A palavra ordinariamente utilizada para designar esses exemplos tipo no ensino de línguas é "paradigma" e quando eu o estendi a problemas científicos tipo, [...], parece-me que não falseei o sentido. [...] [Esses manuais] apresentam soluções completas aos problemas, aos quais a profissão conferiu o estatuto de paradigmas; pois eles demandam ao estudante... resolver ele mesmo problemas bastante semelhantes, quanto ao método e ao conteúdo, àqueles que ele já encontrou no manual ou no curso do professor. [...] Infelizmente [...] os paradigmas ganharam vida própria, caçando, em larga medida, a referência anterior ao consenso. Começando como solução de problemas tipo, eles estenderam seu império, apropriando-se primeiramente dos livros clássicos nos quais apareceram inicialmente esses exemplos aceitos atualmente, para anexarem-se finalmente ao conjunto disso a que aderem os membros de tal ou tal comunidade científica. [...] a palavra "paradigma" só é apropriada ao primeiro desses sentidos (KUHN, 1990, p. 24).

As monografias clínicas de Freud ultrapassam a função técnica e aplicativa do paradigma constituindo propriamente um método, como depreendeu Allouch (1993) porque:

- o caso histórico delimita um campo cujo método não cessa de se significar na abordagem do caso;
- o caso provoca uma transmissão feita do exercício subjetivo que o ato de relatar o caso faz valer: o método é o relato do caso, mantido singular, porque fundado na literalidade do que o caso mostra como sintoma e como narrativa dos invólucros do sintoma;
- o caso aparta o saber adquirido de casos precedentes, inscrevendo o que há de traço propriamente metódico: o saber adquirido, em vez de ser aplicado, deve ser recusado.

Diferentemente da posição de Allouch (1993), Porge (2009) assegura que, apesar de os relatos de casos feitos por ter o mérito de expor a oposição entre teoria e prática, eles têm o inconveniente de não poder se resolver. Para o autor, esse conflito entre teoria, dever de transmissão de um saber proveniente do tratamento e da prática, do dever terapêutico e do respeito à verdade do paciente pode ser lido em função da dialética do saber e da verdade que a obra lacaniana teria renovado.

Na necessidade de tomar precauções que dissimulassem a identificação dos pacientes cujos casos foram relatados, Freud teria, segundo Porge (2009), encontrado o real de uma impossível adequação entre teoria e prática, ao mesmo tempo em que buscava promover seu encontro na publicação do relato de caso.

Considerando a hipótese da conexão entre a interrupção da publicação de tratamentos (1918) e a publicação de *Além do princípio de prazer* (1920), Porge (2009) afirma que a especulação teria sido o instrumento freudiano de transmissão. Seu argumento é que a introdução da pulsão de morte e a compulsão à repetição teriam conduzido Freud a expor as razões de uma guinada na sua prática da análise, não só porque, nessa prática, a repetição substitui a rememoração (já afirmada em 1914), mas porque constata que a repetição é da alçada da pulsão de morte. Esse fato o teria levado a conduzir uma "especulação psicanalítica" a fim de melhor orientar-se na prática.

A especulação seria, para Porge (2009), um modo de reconhecer a disjunção entre a verdade e o saber, depois de ter querido tanto conciliá-los na publicação de relatos de caso. Freud teria constatado aí que o dever de transmissão do saber obtido da clínica passa por um desvio aparentemente distanciado dela.

Porge (2009) nos lembra que no ponto em que Freud passa pelo relato de caso em seu valor fundador da transmissão da verdade, confinando com a verdade como ficção, Lacan modifica o estatuto da verdade passando por um trabalho sobre o estilo, que tem para ele valor formador. Disso resulta que se para Freud a referência maior é o romance, para Lacan, ela passa a ser a poesia.

Outras assertivas de Erik Porge (2009) são fundamentais para nos permitir avançar. Ele nos lembra com propriedade que o modelo para a transmissão deve ser pensado próximo à experiência do inconsciente. O chiste, que faz intervir a terceira pessoa. Entre transferência e transmissão, o desejo do analista seria o terceiro termo. Assim, a transmissão não é redutível à transferência, mais que isso, é o encontro com um ponto intransmissível. É o que afirma Lacan (1958):

> Às pessoas que vêm me ver para tentar me dizer alguma coisa, é preciso dizer que eu não lhes respondo sempre. Eu tento que isso se passe, ao menos eu o espero. Eu espero que isso se passe e

muitos psicanalistas ficam aí reduzidos. É por isso que eu tentei ter algum testemunho sobre o modo como se advém um psicanalista: *o que faz com que, depois de ter sido analisante, alguém se torne analista?* Eu fui constringido por isso, por isso eu fiz minha proposição, aquela que instaura o que se chama o passe, em que eu confiei em alguma coisa que se chamaria transmissão, se houvesse uma transmissão da psicanálise.

Hoje eu chego a pensar *que a psicanálise é intransmissível. É bem entediante que cada psicanalista seja forçado – pois é preciso que aí ele seja forçado – a re-inventar a psicanálise* (LACAN, 1978, grifos nossos)

Essas observações de Lacan conduzem Porge (2009) a afirmar que a transmissão é a possibilidade do encontro de um impossível de transmitir, um impossível a transmitir. Mais, ainda, elas permitem localizar, no modo de transmissão da psicanálise empreendida por Lacan, outra modalidade de transmissão que não aquela de Freud, efetuada por meio da monografia clínica. Na mesma obra, Lacan (1978) afirma:

> Há um sintoma ele e há um sintoma ela. É tudo o que resta do que se chama relação sexual. A relação sexual é uma relação intersintomática. É por isso que o significante, que também é da ordem do sintoma, é por isso que *o significante* opera. Por isso temos a suspeita do modo como ele *pode operar: por intermédio do sintoma. Como então comunicar o vírus desse sintoma sob a forma do significante? É o que tentei explicar ao longo de todos os meus seminários* (grifos nossos).

Diferentemente de Freud, Lacan operou uma transmissão da clínica por meio de seu estilo:

> Qualquer retorno a Freud que dê ensejo a um ensino digno desse nome só se produzirá pela via mediante a qual a verdade mais oculta manifesta-se nas revoluções da cultura. Essa via é a única formação que podemos transmitir àqueles que nos seguem. Ela se chama: um estilo (LACAN, 1998 [1957], p. 460).

O estilo é para Lacan um operador situado na confluência da verdade da cura com o saber transmissível dessa verdade, lembra Porge (2009, p. 57). Tem um valor clínico enunciativo acrescido ao enunciado e possuindo efeitos subjetivos próprios nos leitores, que permite a Porge nomeá-lo *clinicidade do estilo de Lacan*, a qual que reside no modo de instauração de uma relação à verdade do desejo do analista, na medida em que faz "parte do conceito de inconsciente, posto que constituem seu destinatário" (LACAN, 1998 [1964], p. 848), e está no fio do discurso analisante. Afinal, nas dificuldades de seu estilo, Lacan afirmou haver "algo que corresponde ao próprio objeto que está em questão" (LACAN, 1998 [1957-8], p. 33).

Porge (2009, p. 58) constata que, para que uma verdade do analisante seja transmitida pelo analista, este deve ajustar-se também a essa dimensão; mesmo se a verdade não for a mesma para os dois, ela tem a mesma estrutura. É preciso então que opere nessa transmissão a relação à verdade do analista porque ele entende a verdade do analisante a partir do ponto em que ele mesmo está situado por sua verdade de analista, quer dizer, a partir do ponto em que ele se autoriza como analista (o que constituiu seu passe), do ponto de vista da verdade de seu final de análise e pelo fato de que, como analista, ele está incluído no caso de que quer dar conta.

Transmitir a verdade do caso do analisante é, conclui Porge (2009, p. 59), transmitir ao mesmo tempo a verdade de semblante de *objeto a* que o analista encarna para o analisante durante o tempo de sua análise até o momento de separação desse objeto.

Há uma continuidade e uma diferença entre Freud e Lacan quanto à questão da verdade, lembra Porge (2009), ao recuperar o estabelecimento, por Lacan, de que a verdade tem uma estrutura de ficção e ainda, comparando a ficção do mito entrelaçado com a literatura. Ele não se atém ao termo "fantasma" e o substitui por "mito" em 1953, resultado de uma leitura cruzada de Freud com Lévi-Strauss (1949). Na substituição do termo "fantasma" por "mito", Lacan (1995 [1956-1957]) destaca a estrutura histórica e familiar na qual se inscreve o fantasma do sujeito, considera-a como quaternária e salienta a questão da verdade do fantasma. Lacan apoia-se em Lévi-Strauss para posteriormente dizer que "o mito é isso, a tentativa de dar forma épica ao que se opera pela estrutura" (LACAN, 2003 [1972], p. 531).

Entretanto, a ligação entre a verdade e o mito é própria de Lacan. Ele faz essa ligação antecipando a questão da relação do verdadeiro ao real – o real como impossível – enunciando que o mito situa-se no ponto de impossível em que a verdade não pode mais dar conta dela mesma:

> O mito é o que dá uma formulação discursiva a algo que não pode ser transmitido na definição da verdade, porque a definição da verdade só pode se apoiar sobre si mesma, e é na medida em que a fala progride que ela a constitui. A fala não pode apreender

a si mesma, nem apreender o movimento de acesso à verdade, enquanto verdade objetiva. Pode apenas exprimi-la – e isto, de uma forma mítica (LACAN, 2008 [1952], p. 13).

Porge (2009) lembra também que Lacan retoma o mito do Édipo forjado por Freud, fazendo dessa retomada a fonte de novas interpretações e de certa desconstrução.

Mas, como afirma Porge (2009, p. 62), o mito não é a única forma de "ficcionar" a verdade. O apoio de Lacan em obras literárias demonstra que o automatismo de repetição traduzia a insistência, ou instância, da letra, verdade "que possibilita a própria existência da ficção" (LACAN, 1998 [1956], p. 14).

Vale ainda notar, com Porge (2009, p. 62), que a verdade, em Lacan, constitui uma espécie de alavanca que constitui, por sua vez, uma exigência na apresentação da experiência. E os enunciados de Lacan tentarão inscrever sua lógica: "Eu [*moi*], a verdade, [*Je*] falo" (1998 [1955]), "Não se pode dizer o verdadeiro sobre o verdadeiro" (1998 [1960]), "Há uma divisão entre o saber e a verdade" (a partir de 1961) (1998 [1966]), "A verdade só se sustenta em um semidizer" (2003 [1970]).

A referência à ficção permanece um ponto de ligação entre Lacan e Freud, mas, para Porge (2009), ela afasta-se da forma literária do romance para se aproximar da forma da poesia, centrando-se nas questões de estilo. O que está em jogo para Porge é certa adequação entre o que se fala e o modo como se fala disso:

> Mas se aquilo de que se fala é a verdade, e a verdade não pode apreender o que a fundamenta, se não há o verdadeiro do verdadeiro, se a verdade fala naquilo que é essencialmente o menos verdadeiro: os sonhos, os lapsos, as formações do inconsciente, então essa adequação não coincide com a adequação tradicional da coisa e do espírito, mas revela uma inadequação radical entre as palavras e a coisa, entre a fala e aquilo de que se fala. [...] A contribuição de Lacan consiste em significar que o estilo permite assegurar essa transmissão problemática (PORGE, 2009, p. 62).

Enfim, para Porge (2009), a aproximação da realidade da observação clínica consiste em tomar a medida dessa inadequação, transmitindo a existência dessa incomensurabilidade que faz parte da verdade do caso, tanto na fala do analisante quanto no que escuta o analista e no esforço de dar conta dela: "essa é a razão pela qual é preciso incluir na verdade do caso o que concerne propriamente ao desejo do analista e ao objeto causa de desejo" (PORGE, 2009, p. 63).

Ressublinhando que a psicanálise revela que os efeitos de sentido são efeitos de *(im)passe-de-sentido*, Porge (2009, p. 66) os distingue como o que é suplementar ao sentido, sendo tanto falta de sentido como falta ao sentido. Por isso, ata-se a um desejo, a uma falta a ser, da qual o *objeto a* é o suporte no fantasma. O desejo está inscrito pela maneira de dizer de outra forma a mesma coisa.

Religando a questão do estilo ao *objeto a*, Lacan situa o estilo como dimensão suplementar ao sentido que se liga à *maneira* de dizer e se faz, por sua vez, suporte de desejo e causa de divisão de sujeito. Porge (2009) lembra que é no maneirismo que Lacan encontra um estilo que responde ao objeto de que se trata na psicanálise:

> Lamento, não há nada que eu possa fazer – meu estilo é o que é. Quanto a este ponto, peço a eles que façam um esforço. E acrescento simplesmente que, sejam quais forem as deficiências de minha lavra que possam aí intervir, há também, nas dificuldades desse estilo – talvez eles o possam vislumbrar –, algo que corresponde ao próprio objeto que está em questão. Uma vez que se trata, com efeito, de falar de maneira válida das funções criadoras que o significante exerce sobre o significado, ou seja, não simplesmente falar de fala, *mas de falar no fio da fala, por assim dizer, para evocar suas próprias funções*, talvez haja necessidades internas de estilo que se impõem – a concisão, por exemplo, a alusão, ou até a ironia, que são elementos decisivos para entrar no campo em que as funções da fala dominam não somente as avenidas, mas toda a textura. A continuação de minha exposição deste ano, espero, lhes mostrará isso. Voltaremos a esse ponto a propósito de um certo estilo que não hesitaremos em chamar por seu nome, por mais ambíguo que ele possa parecer, isto é, o maneirismo. Tentarei mostrar-lhes que não há apenas por trás dele uma grande tradição, mas que ele tem uma função insubstituível (LACAN, 1999 [1957-1958], p. 33, grifos nossos).

Lembrando que o fato estilístico é não só de ordem linguística e psicológica, mas também social.[1] Porge (2009) salienta que a questão *do estilo está para Lacan referenciada à questão do endereçamento ao outro:* "O estilo

---

[1] O autor refere-se ao livro de M. Cressot, *Le style et ses techniques*. Paris: PUF, 1980. [*O estilo e suas técnicas*. Segundo a tradutora, há uma tradução da Martins Fontes (São Paulo) e outra das Edições 70 (Lisboa), 1980, de Madalena Cruz Ferreira].

é o homem a quem nos endereçamos [...] Queremos, com o percurso de que estes textos são os marcos e com o estilo que seu endereçamento impõe, levar o leitor a uma consequência em que ele precise colocar algo de si (LACAN, 1998 [1966], p. 11).

Entretanto, Lacan faz um passo suplementar: adiantar que o estilo não é o signo de endereçamento do autor ao seu leitor, mas que ele é "comandado" ao autor *por esse endereçamento* ao leitor. O endereçamento tem um efeito invertido, retroativo, em laço. Para Porge (2009), o estilo conjuga o nó do sujeito ao outro ao qual se sustenta o desejo. Lacan inventou uma fórmula para dizer esse enodamento: a fórmula do fantasma, $ ◊ a, $ desejo de a ou $ barrado de *a*. Na própria escrita dessa fórmula figura a palavra "estilo". "Figura" já que palavra não é pronunciada, mas ideografada pelo pequeno losango ◊ que Lacan chama de punção.[2] O punção é a figura de estilo.

Porge (2009) esclarece que

> [...] estilo vem do latim *stilus*, nome de um punção de ferro ou de osso que serve para escrever em tabuinhas de cera, e que passa depois a designar a própria escrita. *Stilus* está ligado a *stimulus* pela raiz *–sti*, picar (distinguir, instinto). O punção (de *punctiare*, picar) designa ao mesmo tempo o instrumento dotado de ponta para perfurar e a marca que dela resulta (picada), e que certifica sua qualidade ou sua proveniência. O estilo age como um punção, simultaneamente instrumento para picar e resultado da picada, escrita, marca que certifica. O estilo é aquilo por meio de que se punciona a relação do sujeito ao objeto.
> $ ◊ a pode-se ler: o sujeito estila o *objeto a*, ou o inverso, frase na qual a palavra "estilo" será a terceira pessoa do verbo "estilar" (tornar estilado). É digno de nota, para nosso propósito, que, como o próprio Lacan sublinhou, o punção "rompe o elemento fonemático que constitui a unidade significante até seu átomo literal". O punção é um elemento de escrita, mas não fonemático; ele é ideogramático à moda dos caracteres da escrita chinesa. Ele introduz na escrita de sons uma descontinuidade e uma dimensão de ícone (segundo Peirce, o ícone está uma relação não arbitrária, mas motivada, com os objetos

---

[2] Viviane Veras, a tradutora de Porge, sublinha: em francês *poinçon*, do latim *punctio, ónis* "picada, punção, golpe, talho" – o punção é um instrumento pontiagudo para fazer furos ou gravações; é também a barra de aço que traz o desenho da letra ou sinal tipográfico na extremidade, conforme o Dicionário Houaiss da Língua Portuguesa, 2002 (PORGE, 2009, p. 69).

do mundo). A palavra que significa o estilo é um ideograma. Eis o que deverá nos emancipar de uma concepção por demais linguística e fonocêntrica da noção de estilo. E tanto é assim que esse losango se presta a equívocos significantes (PORGE, 2009, p. 69).

O estilo veicula a possibilidade de muitas operações: "é feito para permitir um sem número de leituras diferentes" (LACAN, 1998 [1966], p. 830).[3]

Enfim, para Porge,

> Transmitir é desejar transmitir. Ora, esse desejo vai de encontro ao impossível. Aquele inerente ao desejo de nomear a si mesmo e aquele aferente ao objeto que se trata se de transmitir e aos meios de fazê-lo. [...] Transmitir é desejar transmitir e encontrar um impossível de transmitir. Transmitir é transmitir o impossível de transmitir (PORGE, 2009, p. 54).

Enquanto Porge (2009) situa a especificidade da transmissão no estilo com o qual Lacan emitiu seus seminários e seus escritos, de certo modo ultrapassando a posição de Freud, podemos, talvez, reconsiderar, com o mesmo Lacan que aborda a função do escrito, a perspectiva do estilo no relato escrito do caso clínico.

Para que a singularidade do caso possa ser surpreendida e acolhida, é necessário interrogar a experiência e deslocar questões para que a consideração do detalhe do caso (ALLOUCH, 1995) sirva à reelaboração do saber clínico. O método clínico torna-se, nessa perspectiva, tributário da consideração de cada caso como constituindo um método próprio de inscrição do sujeito no laço social. A abordagem clínica permitirá, então, os meios para que este sujeito possa decifrar sua modalidade singular de inscrição.

A preservação de manifestações do inconsciente nas monografias de Freud testemunha sua incidência, mesmo quando tal registro ultrapassa a condição de abordá-lo ou quando dissipa sua opacidade. Essa

---

[3] Porge (2009, p. 70) lembra que o punção é, em 1958, identificado ao esquema L, logo depois será decomposto em "<" e ">", e identificado a: divisão do Outro [*Autre*] pela Demanda, da qual $ e *a* são respectivamente o cociente e o resto; um corte em duplo laço do plano projetivo; a disjunção/conjunção; o maior/menor; o *vel* da alienação e a borda da separação na intersecção e na reunião de conjuntos; a implicação e a exclusão.

característica intima a responsabilização do analista quanto ao seu ato e quanto à transmissão de sua prática clínica, obrigando cada analista, a cada caso, a recriar o método, constituindo um estilo.

Efetivamente, Freud decanta a clínica e transmite, dela, o caso. E interessa ressaltar que o caso não se limita ao paciente, mas refere-se ao encontro que a clínica promove. É por isso que pode-se dizer, com Allouch (1993), que a especificidade dessa transmissão implica que a sustentação do caso em Freud não esteja limitada à função de paradigma do método freudiano.

Mas, se podemos conferir o estatuto de método às monografias clínicas de Freud, é porque podemos desdobrar sua função, fazendo-as trabalhar ainda mais, para forçá-las a dizer melhor, esclarecidas por relatos posteriores, pela teorização e pelas interrogações que emergiram depois delas, no atravessamento de outras séries clínicas de analistas de outros tempos.

Para problematizar o lugar do caso clínico na pesquisa em psicanálise, é preciso considerar que a importância do caso clínico é permitir recolher nele, inicialmente, a *função da literalidade do escrito*.

A concepção do clínico sobre um tema de pesquisa reverbera sobre o método com o qual o caso foi abordado e tratado, produzindo interrogações não apenas relativas à capacidade operatória da psicanálise para o tema tratado, mas também sobre o sujeito a que tal clínica se dirige.

Portanto, considerando a função de pesquisa que cada caso tem para a psicanálise, a primeira interrogação que nos orienta é: *o que fez, de um sujeito, na clínica, um caso de pesquisa?*

Nessa perspectiva, as interrogações que o caso produz sobre o método analítico e as interrogações que o método analítico produzem sobre o caso são formas de abordagem de um traço de real da clínica em que outras problematizações se abrem:

- A preservação da literalidade do sintoma e da narrativa permitem ressignificar a abordagem do caso? A narrativa descola-se dos sintomas ou compõe-se como invólucro dele?
- O que o relato faz valer enquanto ato do analista? Como o desejo do analista comparece no caso clínico?

Mas, além desses aspectos que a abordagem clínica em psicanálise exige sempre problematizar, dentro ou fora de uma pesquisa acadêmica, o essencial na abordagem do caso clínico na pesquisa em psicanálise é a função de exponenciar o saber adquirido com os ensinamentos do caso, tornando-o capaz de interrogar, reformular, distinguir ou ultrapassar o que já foi explicitado pela generalização teórica psicanalítica.

Os ditos *dados* do caso registrados situam a prática da transcrição e a hipótese de coincidência entre investigador e clínico. Entretanto, o voto da plena transposição de registros dos enunciados efetuada por meio de uma *transcrição de dados* exige problematizar aquilo que dela escapa através do esclarecimento de sua função e, como consequência, a posição de quem os lê para registrá-los.

A interposição da atividade de escrita situa o Outro do escritor: o sujeito suposto saber a quem este se remete, para além do leitor com quem o escritor partilha seu texto. E nessa dobradiça em que se identificam, num só tempo, o clínico e o pesquisador, interessa localizar, nos traços depositados da escrita literal, como o pesquisador ultrapassa sua transcrição. Afinal, um saber se deposita em seu escrito, a despeito da consciência do autor. É o que permite ao pesquisador, ao retornar outras vezes mais sobre a transcrição feita do caso, situar propriamente o que o caso fisga de interesse investigativo.

Esse fator é importante, porque o pesquisador pode se restringir a querer confirmar afirmações teóricas já feitas, oferecendo manifestações clínicas a serviço de testemunhar a própria psicanálise. Nesta situação, longe da função de investigação, o caso torna-se mero exemplo que pode obturar o próprio método, configurando um ato de abandono do mais essencial à psicanálise. Funcionando como resistência do analista à manifestação subjetiva singular, o pesquisador pode operar tentando fazer caber o singular do caso no universal da necessária generalização teórica, reproduzindo, assim, a função demonstrativa do paradigma apontada por Khun (1990).

Por isso, vale interrogar as condições de produção da observação psicanalítica sistemática para iluminar zonas obscuras do caso relatado e de sua escolha.

Os lugares de *"certificação das inferências"* e de *"testemunho da confiabilidade do método psicanalítico"* atribuídos ao caso Hans por Freud (1992 [1905], p. 176) não constituem um caso como campo propício à investigação e à teorização. Pode, em contrapartida, dar lugar de inquisidor ao clínico. Nesta perspectiva, podemos problematizar o enredamento do desejo de transcrever um caso clínico como personificação de um desejo de saber que contempla o gozo do clínico, sendo, por isso, capaz de constranger a especificidade da prática psicanalítica. Aqui se situa uma versão em que saber e gozo são vergados em direção à sinonímia. Dessa forma, a possibilidade de um sujeito articular significantes para desarrimar o gozo ao qual está aderido pode encontrar, como obstáculo, um outro gozo: o fascínio pelo saber com o qual o clínico se deleita, às custas do sujeito. Isso nos interessa porque o saber pode ser fascinante, especialmente quando um clínico reencontra num caso a possibilidade de resgatar o desconhecimento sobre o que teria esquecido.

Vale considerar aí a resistência do analista ao tratamento, em função de sua fascinação pela pesquisa e pela autoria em psicanálise.

Assim, na medida em que força a produção de uma cena, ou seja, fazendo aparecer, erigindo evidências, o pesquisador faz-se obsceno, ou seja, retira-se da cena imiscuindo-se sorrateiramente nela, e pode fazer uma clínica coercitiva, mas sem ato. Assim, não apenas coloca obstáculos para a transferência, mas também lança o sujeito à deriva do gozo do pesquisador.

Enfim, o caso clínico permite recolher duas funções caras à psicanálise:

- a função da literalidade do escrito;
- a função de exponenciar o saber adquirido com os ensinamentos do caso, tornando-o dispositivo problematizador da carga imaginária presente na generalização teórica da doutrina psicanalítica.

Só na literalidade da narrativa escrita do caso poderemos reconhecer e distinguir o que há de singular na clínica. Tal literalidade é cara à psicanálise porque o que o analista grafa e apaga da clínica é o que concebe como relevante ou desnecessário, evidenciando que seu ato de escrever está regulado pela responsabilização quanto ao seu ato clínico. Dizer da regulação do escrito pela clínica é dizer que o escrito submete-se, queira ou não, saiba ou não, às mesmas regras estruturais do que faz ato clínico. Nessa medida, a transmissão da clínica psicanalítica pelo que dela se escreve constringe o que há de singular no encontro-desencontrado desta experiência. O real, ou o singular da clínica, que o clínico necessariamente desconhece, só pode ser abordado depois de ter sido transposto para outro sistema de registro – a escrita –, antes de ser localizado, ou seja, antes de tornar-se propriamente legível. Recuperar a operação de apagar e de ressaltar trilhamentos do caso no registro escrito deste é descompor séries imaginárias que bordejam e encobrem o real, a letra, ou o singular do caso. Destituí-las de sua condição imaginária é, portanto, reduzi-las por meio de operações simbólicas que cartografam, distinguem séries correlatas que reencontram a repetição. Daí a função da narrativa: só o encadeamento significante permite ler, no escrito, a constrição real, ou seja, a singularidade do caso que não é nem apenas da estrutura do paciente, nem de suas manifestações sintomáticas, mas refere-se ao encontro desencontrado do sujeito com o analista.

Por mais que se queira um exercício de saber, a escrita do caso mostra que o analista está submetido à clínica, sendo falado pelo seu escrito muito mais do que saberia dizer. Daí a função da escrita da clínica psicanalítica: interrogar o que ela tem de imaginário e de aleatório para, ao reduzir a montagem consistente que adquire, surpreender, testemunhar e transmitir o singular do sujeito e do ato psicanalítico.

A função do caso clínico na pesquisa em psicanálise não é demonstrativa nem exemplar. Mostrando a oposição entre método psicanalítico e método científico, o caso clínico tem por função problematizar a generalização necessária à teoria, explodindo a imaginarização de universalidade da teoria, sempre avessa à presença do singular surpreendente implicado no inconsciente.

Em 1968, ao criar a revista da Escola Freudiana de Paris, *Scilicet*, Lacan insiste na publicação de casos, forjando a expressão "*Trait do cas*", como Porge (2009, p. 56) recupera. A abordagem a ser dada ao caso é, entretanto, reconfigurada pela consideração do traço do caso. Teorizar a partir do traço seria teorizar a partir do que faz laço, une, e o que corta, separa, escreve. Os seminários reunidos por Claude Dumézil em *Le trait du cas, le psychanalyse à la trace,* insistem não ser possível teorizar apenas a partir das falas dos pacientes ou do analista, mas essencialmente a partir desse traço (PORGE, 2009, p. 56). Vale retomar essa coletânea.

Referências

ALLOUCH, J. *Freud, et puis Lacan.* Paris: Epel, 1993.

ALLOUCH, J. *Letra a letra, traduzir, transcrever, transliterar.* Rio de Janeiro: Companhia de Freud, 1995.

CANGUILHEN, G. Qu'est ce que la psychologie? *Les Cahiers pour L'Analyse*, Paris, p. 76-91, 1966.

COSTA, A. Uma experiência de clínica institucional. In: ALBERTI, S.; FIGUEIREDO, A. (Orgs.). *Psicanálise e saúde mental: uma aposta*. Rio de Janeiro: Companhia de Freud, 2006.

CRESSOT, M. *Le style et ses techniques*. Paris: PUF, 1980.

FREUD S. (1905) *Tres ensayos de teoría sexual*. O.C. Buenos Aires: Amorrortu, 1992. v. VII.

FREUD S. (1914) *Contribución a la história del movimiento psicoanalítico*. O.C. Buenos Aires: Amorrortu, 1992. v. XIV.

FREUD S. (1932) *Nuevas conferencias de introducción al psicoanálisis*. O.C. Buenos Aires: Amorrortu, 1992. v. XXII. Conferencia XXXII.

FREUD S. (1922) *Dos artículus de enciclopédia*. O.C. Buenos Aires: Amorrortu, 1992. vol. XVIII.

KHUN, T. *La tension essentielle*. Paris: Gallimard, 1990.

LACAN, J. *O mito individual do neurótico*. Tradução de Brigitte Cardoso e Cunha, Fernanda Bernardo, Margarida Medeiros e Tito Cardoso e Cunha. Lisboa: Assírio & Alvim, 1987.

LACAN, J. (1955) A coisa freudiana. In: *Escritos*. Rio de Janeiro: Zahar, 1998. p. 402-437.

LACAN, J. (1956) O seminário sobre "A carta roubada". In: *Escritos*. Rio de Janeiro: Zahar, 1998. p. 13-66.

LACAN, J. (1957) A psicanálise e seu ensino. In: *Escritos*. Rio de Janeiro: Zahar, 1998. p. 438-360.

LACAN, J. (1956-1957) *O Seminário, Livro 4: as relações de objeto*. Rio de Janeiro: Zahar, 1995.

LACAN, J. (1957-1958) *O Seminário, Livro 5: as formações do inconsciente*. Rio de Janeiro: Zahar, 1999.

LACAN, J. (1960) Subversão do sujeito e dialética do desejo. In: *Escritos*. Rio de Janeiro: Zahar, 1998. p. 807-842.

LACAN, J. (1961) A ciência e a verdade. In: *Escritos*. Rio de Janeiro: Zahar, 1998. p. 869-892.

LACAN, J. (1964) Posição do inconsciente. In: *Escritos*. Rio de Janeiro: Zahar, 1998. p. 843-864.

LACAN, J. (1970) Radiofonia. In: *Outros Escritos*. Rio de Janeiro: Zahar, 2003. p. 400-447.

LACAN, J. Overture de la section clinique. *Ornicar?*, Paris, 1977.

LACAN, J. (1967) Proposição de 9 de outubro de 1967 sobre o psicanalista da Escola. In: *Outros Escritos*. Rio de Janeiro: Zahar, 2003a. p. 248-264.

LACAN, J. (1967) Da psicanálise em suas relações com a realidade. In: *Outros Escritos*. Rio de Janeiro: Zahar, 2003b. p. 350-358.

LACAN, J. (1972) Televisão. In: *Outros Escritos*. Rio de Janeiro: Zahar, 2003. p. 508-543.

LACAN, J. *Document de travail: Interventions de J. Lacan. Extraites de Lettres de l'École*, Lettre n. 25, 1978. Publicação interna da Association Freudienne Internationale. [s.d.].

LACAN, J. (1998) *Escritos*. Rio de Janeiro: Zahar, 1966.

LACAN, J. (2008) *O mito individual do neurótico*. Rio de Janeiro: Zahar, 1952.

LÉVI-STRAUSS. *Les Structures élémentaires de la Parenté*. Paris: Presses Universiteires de France, 1949.

PORGE, E. Sobre a transmissão da psicanálise. Tradução de Viviane Veras. *Revista do Encontro sobre a Transmissão da Psicanálise,* São Paulo, 26-27 ago. 2000.

PORGE, E. *Transmitir a clínica psicanalítica: Freud, Lacan, hoje.* Tradução de Viviane Veras e Paulo de Souza. Campinas: Unicamp, 2009.

SAURET, M.-J. Psicanálise, psicoterapias... ainda. In: ALBERTI, S.; FIGUEIREDO, A. (Orgs.). *Psicanálise e saúde mental: uma aposta.* Rio de Janeiro: Companhia de Freud, 2006.

VORCARO, A. Compreender ou estranhar, incidências no psicodiagnóstico. In: ANCONA-LOPES, M. (Org.). *Psicodiagnóstico, processo de intervenção.* São Paulo: Cortez, 1996.

VORCARO, A. Sobre a clínica interdisciplinar. In: _____. *Crianças na psicanálise: clínica, instituição, laço social.* Rio de Janeiro: Companhia de Freud, 1999.

ZENONI, A. Qual instituição para o sujeito psicótico. *Revista de Saúde Mental Abrecampos,* Belo Horizonte: Fhemig, ano 1, n. 0, 2000.

O lugar da contingência na clínica e na pesquisa em psicanálise: mais ainda sobre o problema do método[1]

Jeferson Machado Pinto[2]

Três momentos da lógica da relação psicanálise – ciência

Grande parte da resistência do meio acadêmico aos achados psicanalíticos pode ser atribuída a uma atitude *closed mind*, incompatível com uma atitude realmente científica. Tratar a psicanálise com desdém, como se ela não produzisse "conhecimentos" fidedignos, é desconsiderar sua peculiar característica epistemológica. Mas, pior do que isso, é o fato de muitos acadêmicos nada quererem saber sobre aquela especificidade e preferirem a pura adesão aos padrões científicos definidos como únicos pelos órgãos de fomento à pesquisa.

O ideal de ciência externo a um campo de pesquisa exerce uma mestria sobre os pesquisadores e pode inibir a criatividade e o desenvolvimento de determinada área. O próprio Freud se viu preso a esse ideal de ciência e o perseguiu como um ponto exterior a ser alcançado de modo que sua produção obtivesse uma chancela de qualidade. Sua obra é marcada por justificativas quanto à necessidade de especulações ou mesmo quanto às estratégias do uso de construções preliminares a serem descartadas em momento mais oportuno.

---

[1] Texto escrito em 2003 para uso no Programa de Pós-Graduação em Psicologia da UFMG.

[2] Este artigo é dedicado a Célio Garcia.

O fato é que o objeto de conhecimento e o método de sua produção foram construídos por Freud em uma relação que podemos chamar de dialética. Na medida em que os achados foram se adensando e adquirindo maior precisão conceitual, o método ia sendo refinado. Da mesma forma, os achados permitidos pelos avanços na definição do método iam promovendo maior precisão no campo de abrangência da validade dos conceitos. A perseverança de Freud, sustentada por uma atividade clínica *sui generis* para a época, o levou a um ponto limite naquela relação dialética ao se deparar com a necessidade de postular o conceito de pulsão de morte. Tratava-se da necessidade lógica de postular um ponto exterior à ação interpretativa, pois sua clínica lhe indicava a reação terapêutica negativa, a compulsão à repetição e o mal-estar independentemente do saber conscientemente estabelecido pelo analisante. Havia algo do sujeito que não respondia imediatamente à linguagem, que não se deslocava plasticamente para um outro sentido que uma interpretação pudesse fornecer. Freud foi demonstrando, assim, um paradoxo da economia pulsional que fixava a posição subjetiva e a tornava imune a uma decodificação ou a um esclarecimento por parte do analista. A esperada mudança clínica que pudesse colocar um fim na análise dependia de um ato singular do paciente, ato impossível de ser antecipado por qualquer saber.

E é aqui que começa a surgir aquela particularidade epistemológica anunciada pela psicanálise. O método tornou-se susceptível de um aspecto contingente, pois se descobriu uma aderência do sujeito a uma posição sintomática que escapava de sua vontade e determinação conscientes. Somente com a continuidade do trabalho de perlaboração na associação livre poderia surgir uma enunciação significante capaz de esvaziar o investimento pulsional daquela posição subjetiva. Essa enunciação, imprevisível pelo analista e pelo próprio analisante, reduziria, então, o fator quantitativo da energia libidinal ali localizada. Como já tivemos a oportunidade de demonstrar em outro trabalho (PINTO, 2001), a psicanálise mostra a impossibilidade de exposição *a priori* dos passos a serem dados para a produção de um saber sobre o sujeito. O real do sujeito surge como exclusão a um saber que é possível construir sobre ele. Desse modo, a descrição do método psicanalítico submetida aos padrões únicos de reconhecimento descaracterizaria sua própria especificidade na produção de conhecimentos, diga-se de passagem, intensamente utilizados pela psicologia, pela psiquiatria, pela educação, etc.

Assim, ao longo de sua obra, Freud afirmou sua submissão a um ideal de ciência ao mesmo tempo em que subverteu os limites da ciência da época ao tentar estendê-los ao estudo da subjetividade. É claro então que tal subversão foi imposta pela natureza do objeto, da rede conceitual estabelecida em função dela e, é claro, do método de produzir tal conhecimento. Aliás, considerando radicalmente os achados freudianos, não é mais possível falar em "conhecimento", pois essa expressão implica exatamente naquilo que foi questionado pela psicanálise, ou seja, em uma completa justaposição entre o saber e o seu objeto. Assim, muito além do que Freud pretendia, seu trabalho revelou a presença de um fator real inalcançável pelo regime de produção da verdade científica. Posteriormente, Lacan formalizou esse real circunscrito por Freud como o real próprio da psicanálise, qual seja, o de que a causa do desejo do sujeito se encontra forcluída do procedimento científico. Por isso mesmo, o trabalho de Freud pode mostrar os limites do simbólico tanto no que se refere à interpretação quanto à própria constituição do objeto de conhecimento construído, o inconsciente como lugar determinante do funcionamento do aparelho psíquico, especialmente seu aspecto real, aquele que não se confunde com o recalcado. Como Freud afirma em *A interpretação dos sonhos* (1987 [1900]), o estudo de um desses aspectos ilumina o outro, visto serem constituídos pelo mesmo material, isto é, a linguagem. Com sua postura científica, ficaram explícitos os limites impostos por uma determinação causal, que, embora estando circunscrita pelo simbólico, mantém com este uma relação que Lacan (2002 [1974-1975]) qualificou de ex-timidade ou de exclusão interna.

Freud acabou por revelar então que, na condução de uma análise, é necessário que o analista tenha, além de uma rigorosa formação científica, uma orientação ética que o faça progredir em seu esforço de sustentar a relação do sujeito com a causa de seu desejo via sustentação da transferência. A presença deste objeto de conhecimento, segundo os termos da ciência, exige que alguém o escute. Somente assim seriam dadas as condições para que o analisante pudesse se apropriar do ato que revelaria sua forma singular de se colocar como sujeito.

A presença desse ponto limite e intrinsecamente circunscrito pela linguagem, seja a do pesquisador ou a empregada pelo analisante, assustou os próprios psicanalistas, que preferiram restringir a psicanálise a uma teoria psicológica e o inconsciente a um campo constituído por leis de funcionamento próprias, podendo, dessa maneira, ser desvelado.

Assim, a determinação causal inapreensível pela interpretação ficaria eliminada e a psicanálise poderia se encaixar nos padrões de pesquisa e avaliação tradicionais. O aspecto contingencial do método deixaria de existir e somente o campo das relações estabelecidas como da ordem do necessário poderiam ser analisadas. Resistiu-se, desse modo, a uma inovação que já havia sido entrevista por Kant, em favor de uma posição epistemológica que identifica o sujeito ao saber passível de ser elaborado. O sujeito como *hupokeimenon* ou como condição de possibilidade de todo conhecimento em detrimento de uma posição que demonstrava a exclusão do sujeito como condição para o saber. Para a psicanálise, o sujeito surge exatamente como demonstração do fracasso do saber em apreendê-lo, como ponto de furo na estrutura da linguagem.

Assim, os psicanalistas resistiram aos próprios achados freudianos sob a capa de um avanço científico ou em conformidade com uma posição epistemológica cômoda que pressupõe uma harmonia entre o sujeito e o saber que o compreende. A consequência foi a sustentação de uma mestria exercida pela comunidade científica e uma grande produção acadêmica a respeito da validade da psicanálise como método, a partir do momento em que ela foi sendo introduzida na universidade. Por outro lado, sua validade clínica e teórica permaneceu incontestada durante muitos anos e exerceu forte influência na cultura ocidental promovendo uma verdadeira revolução no modo como os sujeitos se veem ou se analisam. Indiscutivelmente a ampliação, da capacidade descritiva e analítica do homem moderno se deve, em grande parte, aos achados da psicanálise.

Contudo, apesar de seu impacto cultural, os analistas ainda se viram, em um primeiro momento, na obrigação de provar a validade da psicanálise tentando responder a um grande Outro que os inquiria sobre o estatuto de uma ciência do inconsciente.

Como seria possível um "conhecimento" daquilo, que, por definição, não se dá a conhecer? A psicanálise é ou não uma ciência?

Lacan, no entanto, vem alterar essa perspectiva especialmente a partir da primeira aula de seu seminário sobre o objeto da psicanálise e do seminário sobre os conceitos fundamentais. A exterioridade do ideal de ciência a ser alcançado foi questionada. Uma das funções da psicanálise é exatamente interrogar os efeitos dos ideais sobre o sujeito e é o que Lacan faz ao retomar o problema da cientificidade em outros termos: *que ciência acolheria a psicanálise, já que não há uma ciência ideal cujos traços a psicanálise deveria adotar para adquirir o estatuto de científica?* A questão então se desloca, em um segundo momento, de um problema ingenuamente metodológico para uma questão mais epistemológica (BEIVIDAS, 1999). O que importa para Lacan é arguir aquilo que se impõe como mestria a governar os sujeitos, inclusive os cientistas, agora vistos não mais como homens de ciência, mas também como seus sujeitos. Com esse movimento, Lacan torna mais evidente a lógica envolvida na relação entre psicanálise e ciência.

Lacan passa, então, a interrogar a epistemologia em vez de simplesmente acatar a voz do Outro, detentor de verdades absolutas. Além disso, ele o faz não apenas pelo viés ideológico, pois se preocupa em demonstrar que o sujeito sobre o qual a psicanálise incide é o sujeito da ciência originada pelo *cogito* cartesiano. Isso tem muitas implicações, mas nos deteremos brevemente apenas na que se relaciona diretamente com o argumento deste trabalho: a colocação do sujeito em condições de análise iguais a de qualquer fenômeno a ser estudado, isto é, esvaziado de qualidades e determinado a partir de elementos puramente contingentes. Em seu retorno a Freud, Lacan explicita a afirmação do sujeito cartesiano e sua subversão pelo deslocamento do ponto de apoio de toda determinação subjetiva. Vamos examinar isso com um pouco mais de detalhes, mas uma discussão aprofundada sobre o assunto pode ser encontrada em Milner (1996), Teixeira (2000) e Lima (2002).

A afirmação de que a psicanálise incide sobre o sujeito da ciência nos alerta, então, para o fato de que o sujeito estabelecido pelo surgimento da ciência moderna não é mais aquele em sintonia com a natureza, que interage com ela de forma quase mágica e que se encontra representado em suas produções. Pelo contrário, o sujeito revelado por Descartes é aquele afastado da natureza por uma forma nova de se inscrever no simbólico. O *cogito* revela um sujeito pontual e evanescente, definido pelo ato de pensar, isto é, tendo sua existência confirmada apenas a cada proferimento do ato. Não há mais identidade entre sujeito e qualquer individualidade empírica; sua consciência não é mais garantia de uma existência perene, pois sua posição subjetiva é apenas reflexo de uma determinação pela linguagem que extrapola a possibilidade do sujeito de dominá-la.

Assim, é a enunciação em si mesma que define para o sujeito o real de sua existência, independentemente do conteúdo desse ato ou de qualidades que poderiam definir uma essência dita humana. As qualidades perceptíveis passam a estar sujeitas ao engano e o método passa a ser uma forma de questionar ou de manipular a linguagem de modo a não aceitar as aparências sensíveis como naturalmente verdadeiras. A intuição e a *gestalt* cederam lugar para a literalização, que, como nas fórmulas da física, destitui as qualidades aparentes dos objetos e busca galileicamente o estabelecimento do saber como relações passíveis de serem obtidas pela combinação de letras e pela experimentação.

A partir daí, o que caracteriza a atividade científica é o estabelecimento de uma escritura que permite a ultrapassagem das características empiricamente observáveis dos fenômenos. O universo perde seu caráter divino e se mostra contingente, isto é, podendo ser infinitamente diferente do modo como se apresenta. Será a literalização que trará uma regularidade aos fenômenos, cabendo aos cientistas a maturidade de julgar as manifestações aleatórias a serem descartadas em cada experimento e a aproveitar somente as que se submetem à escritura possível naquele momento da história de sua ciência? Aquilo que era encarado como o que deve necessariamente ocorrer passa a ser visto como o que deve necessariamente obedecer àquela forma de escrever o aparecimento contingente. O objeto cuja essência deveria ser conhecida cede lugar a um conjunto de propriedades residuais cuja escritura sustenta a eliminação do contingente que a originou. O discurso resultante é um discurso em que o sujeito aparece como falta. Aqui não cabe o deslocamento do sujeito entre os significantes como na linguagem ordinária e, por isso, podemos dizer que o discurso da ciência foraclui o sujeito.

Pois esse cientismo está exatamente na base dos pressupostos da psicanálise em relação ao sujeito. A ação significante sobre o corpo resulta em uma singular imbricação que a psicanálise considera como sendo seu sujeito. Essa escritura constitutiva, composta pelo que Freud chamou de representações e pulsões, impõe um limite na possibilidade de o sujeito vir a ser qualquer outra coisa ao fixar seu modo de gozo, sua maneira de viver. Porém, uma análise se apoia na associação livre, isto é, no convite a um trabalho de suspensão das determinações significantes e das satisfações pulsionais, dirigindo seus esforços no sentido de o sujeito verificar a possibilidade de poder ser infinitamente diferente daquilo que se apresenta como sendo da ordem da necessidade. Esse trabalho de perlaboração só pode ser empreendido a partir da implicação do sujeito. Somente assim, como sujeito colocado em trabalho e não como objeto de um saber, é que ele poderá efetuar o deslocamento da exclusão que lhe é imposta pela mestria do saber inconsciente e fazer emergir sua singularidade.

Tudo isso que dissemos foi no sentido de tentar mostrar que a psicanálise está condicionada internamente pela ciência (MILNER, 1998). Sua cientificidade não está definida por parâmetros fixados por um ideal externo de ciência, mas pela própria estruturação da experiência que a ciência permite ao revelar a natureza do sujeito que, de fato, está, do mesmo modo, distante de um ideal de autonomia e capacidade reflexiva que o fariam se conhecer e se tornar a condição de possibilidade de todo conhecimento (PINTO, 2001).

A psicanálise (e até mesmo o behaviorismo), segundo Lacan (1985 [1972-1973]), só poderia mesmo ter surgido após três séculos de intensa atividade científica. As características de sujeito, a determinação inconsciente e a filiação à contingência puderam ser entrevistas na medida em que o universo foi sendo colocado em uma infinitização apreendida em seus caracteres matemáticos (literalização) e o desejo como causa foi se estabelecendo como dejeto da atividade científica, como aquilo que deve ser excluído para que o saber se constitua.

E aqui pode-se vislumbrar um terceiro momento em que se tornam mais precisas as relações entre a psicanálise e a ciência. O cotejamento entre esses dois campos, umbilicalmente interligados, permitiu uma interpretação que supera os momentos relatados, tornando possível maior explicitação do método, da ética e das finalidades de cada um deles. Atualmente, já não é mais possível questionar a vocação científica da psicanálise, sua estruturação interna, pela ciência e a eficácia de seu modo peculiar de tratamento coerente com os pressupostos de fazer emergir o sujeito apesar de um saber que pretenda compreendê-lo. Vistos como campos interligados, a psicanálise pode mostrar sua dependência dos desenvolvimentos científicos ao mesmo tempo em que ajuda a esclarecer a própria ciência empreendida por seus sujeitos.

O terceiro instante dessa relação pode, assim, ser enunciado em termos de discursos que se esclarecem. Se a psicanálise é tributária da ciência, a foraclusão do sujeito que essa empreende, com todas as consequências aí implicadas, só pode ser esclarecida por uma ética que faça tal demonstração. Mais uma vez, a contribuição de Lacan foi fundamental ao revelar os laços sociais determinados por estruturas discursivas que constituem o sujeito em relação ao Outro. Sua "teoria dos discursos" é muito frutífera na explicitação dos condicionantes e das contribuições relativas de um campo epistêmico para o outro.

Muitos autores já se dedicaram à tarefa de realizar aquela demonstração, tanto em termos epistemológicos quanto em termos das consequências que o discurso da ciência traz para os sujeitos da contemporaneidade. Neste momento, gostaria apenas de ilustrar sucintamente como uma psicanálise pode contribuir para o entendimento do processo de produção de saber.

"O discurso científico e o discurso histérico têm quase a mesma estrutura"

A quase equivalência entre os dois discursos apontada por Lacan (1992 [1969-1970]) permite pensar que uma situação de análise pode nos ensinar alguma coisa sobre a ciência. Uma psicanálise tem, como condição inicial, um sujeito que se coloca diante do enigma de seu sofrimento e pronto a produzir um saber que possa ajudá-lo a se posicionar diante de uma verdade que lhe retorna sob a forma de um sintoma. A psicanálise pode ser considerada, assim, uma situação privilegiada para esclarecer como a linguagem faz um tratamento do real, pois o analisante vive esse efeito na própria pele.

Existem, é claro, diferenças estabelecidas na própria transferência, visto que a psicanálise tem, como já dissemos, parâmetros éticos distintos. Porém, a transferência pode ensinar muito mais sobre o discurso científico do que a filosofia ou a epistemologia supõem. O argumento que gostaria de desenvolver gira em torno da proeminência dos parâmetros científicos na delimitação do método psicanalítico. A exigência da explicitação do método, sem respeitar a diferença entre os discursos, faz com que identifiquemos os lugares do analista e o do cientista ou do pesquisador em psicanálise. Por um lado, essa transposição é problemática se o analista se coloca como pesquisador em uma análise e, por outro, pode obscurecer o entendimento do processo de produção de saber se o pesquisador em psicanálise adota, diante de um texto ou de um problema de pesquisa, por exemplo, referenciais do analista. Como, então, uma situação de análise pode esclarecer sobre o pesquisar?

Desde o ensinamento das histéricas de Freud, a psicanálise reconhece que a produção de saber implica em certa posição subjetiva diante do Outro: um novo saber só ocorre quando se questiona o saber que o Outro já reconhece. Esse parece ser o ponto mais evidente de identidade entre o discurso científico e o da histérica. Tanto o analisante quanto o cientista demonstram sua insatisfação com qualquer saber que pretenda ter uma mestria, deslocando-o e criando um novo saber que também acabará por ser questionado.

O sujeito (ao constatar a presença do funcionamento de um saber que atua apesar de sua consciência) mostra sua divisão ao criar uma suposição de saber, um Outro a quem ele encaminha suas perguntas, na suposição de que as respostas naturalmente aplacarão sua angústia. Essa divisão subjetiva – entre uma capacidade simbólica de produzir enunciados e o enigma das exigências pulsionais – parece ser uma condição essencial para a produção de um saber, seja em psicanálise ou em qualquer ramo da ciência.

Entretanto, a divisão do sujeito torna-se especial, no caso da psicanálise, porque aqui tal condição (a divisão subjetiva) aparece sob a forma de sofrimento ou sintoma. Já para um cientista, não é necessário que essa condição esteja presente sob a forma de um sintoma para que ele se coloque a trabalho. Penso que um pesquisador também sofre com sua divisão subjetiva, mas ela se acha eclipsada pelo amor ao saber. Assim, a tese lacaniana é de que há, no caso da estrutura do discurso da ciência, uma eliminação da causa do desejo colocada no lugar da verdade que singulariza aquele sujeito em particular.

Desse modo, para Lacan, a criação da psicanálise foi marcada por um modo especial de ler o sintoma a partir da postura científica de Freud. Segundo ele, o sintoma seria uma forma de retorno da verdade do sujeito. Freud teria criado um procedimento em que a verdade pudesse falar e ela sempre retornaria se não pudesse se fazer presente na voz do sujeito. Por isso dissemos acima que o analisante sofre ao criar um saber que conte com a sua verdade, enquanto que, na ciência, o pesquisador deixa a causa de seu desejo sob reserva e está mais apaixonado pela produção de um novo saber. Esse, talvez, seja o ponto de maior afastamento entre os lugares que o analisante e o cientista – ambos sujeitos da ciência – ocupam com relação ao saber, entre o discurso científico e o histérico. Se formos fiéis aos matemas lacanianos, perceberemos que uma análise visa exatamente colocar o saber em posição de verdade do sujeito, enquanto que no discurso histérico o saber é impotente para tal. De qualquer maneira, o discurso deve estar histericizado, dirigido a um Outro para que o saber se produza. Podemos até nos perguntar se o saber é histérico, embora alguns autores, como Badiou, mantenham outra perspectiva (GARCIA, 2000).

A suposição de que um Outro – a quem esse sofrimento é endereçado – fornecerá as respostas ou saber que aplaque a divisão que o real (dimensão pulsional) impõe, torna-se a base do trabalho de elaboração em psicanálise. O cientista também faz uma suposição sobre um Outro lugar onde procurar o saber, mas o segredo de sua produtividade está em não ser tomado pela histeria. Ou seja, quanto mais sua divisão subjetiva fique determinada pelas exigências pulsionais, quanto mais ele se deixe saturar pela causa de seu desejo, mais ele destinará energias produzindo um saber com o suor de sua verdade. Em termos de sua ciência –, de um saber distante da verdade – menos produtivo ele será. Ele deve se manter, então, determinado pela produção simbólica de sua ciência.

Contudo, a psicanálise, em sua operatividade, faz *"semblant"* de ciência ao recolher essa transferência, essa suposição de saber dirigida ao analista, visando à extração da verdade contida no sintoma que lhe foi demandado curar. Usamos a expressão *"semblant"* porque o analista aceita a suposição de saber e opera a partir de um dispositivo típico do campo científico, mas não encarna esse lugar de Outro. Ele não é o detentor da verdade daquele sujeito que lhe endereça suas demandas. Ele sabe que o saber que o referencia como analista é castrado, incompleto para esclarecer a verdade, porque toda "pesquisa psicanalítica encontra a exigência pulsional como causa", para além de quaisquer enunciados gramaticais ou regras de usos da linguagem para dar conta de uma experiência.

O caso do "Homem dos Lobos", por exemplo, pode esclarecer o que acontece com o paciente quando o desejo do analista se confunde com o desejo do cientista. Freud sancionou o saber do Outro e, ao expor o saber, ele abortou o trabalho de perlaboração do paciente. Esse trabalho, chamado por Freud de *durcharbeitung* (1996 [1914]), se realiza, como a própria expressão em alemão o indica, através de algo que se consolida como causa, como constância pulsional que não se esvanece. Mas, por se realizar através desse algo, é que tal trabalho tem a dimensão de franqueamento, de travessia que acaba fornecendo ao sujeito a causa em relação à qual ele deve dar seu assentimento e assegurar sua singularidade. No caso do "Homem dos Lobos", Freud acabou, então, por impedir a construção da fantasia de modo particular pelo paciente em favor do saber de sua ciência (BERNARDES, 2000).

Como toda pesquisa, uma análise também se inicia ou só se abre para a transferência, a partir de uma questão sobre um saber que funciona inconscientemente: por que esse sintoma e não outro? O que ele tem a ver com minha história? De que modo posso me responsabilizar por essa forma de funcionar que implica em sofrimento? Esse é o tipo de pergunta de quem sofre com a causa, diferentemente do cientista que pode sofrer por falta de verbas ou de não ser reconhecido, etc. Para que haja análise é necessária, assim, a implicação do sujeito na fabricação de seu sintoma. Essa questão reflete o estranhamento do analisante. Como é possível que uma manifestação tão estranha venha dele e ele não sabia? Além disso, os analisantes costumam afirmar que certamente não queriam estar sofrendo daquela forma. A constatação de que o sintoma é uma manifestação da verdade daquele sujeito particular é, às vezes, muito surpreendente para quem procura uma análise em sofrimento. Os sujeitos, imersos na civilização da ciência, tendem a explicar seu sofrimento pela última novidade científica e acham mais fácil diagnosticar o sofrimento como uma doença ou de "fundo psicológico", etc. Recorrem, então, a um saber instituído que seja capaz de curá-los. É até por isso mesmo que um analista pode fazer *"semblant"* de ciência para realizar seu trabalho.

Instalada a transferência, o analista se vê colocado, então, como o suposto causador das questões que o sujeito formula e o sujeito vai se confrontando com a causa de seu desejo (a transferência é o "play-ground", como afirma Freud (1996 [1914]), que tornará possível vincular um sujeito à causa). É na transferência que o sujeito se indaga sobre aquele saber que toca sua verdade, determina sua subjetividade, mas sobre o qual ele não tem nenhum conhecimento. O efeito da suposição de saber é a imediata produção de cadeias de razões que explicariam seu funcionamento, mas, frequentemente, têm a função de promover alguma forma de gozo para o analista: "veja como produzo!".

As cadeias de razões são, no entanto, outros modos de dizer, formas novas de circunscrever o sofrimento. Isso é, elas são o próprio acúmulo de saber estruturalmente insuficiente para apreender a causa. Essa se situa, como já dissemos, em uma relação de "exclusão interna", em "ex-timidade", com o saber produzido. O saber, sendo assim castrado, está em uma situação de impossibilidade de apreensão da causa do desejo.

A situação de análise questiona continuamente as razões produzidas pelo analisante quando movidas apenas pela paixão pelo simbólico, como se ele fosse um cientista. A interpretação mostra como esse tipo de produção de saber - tanto por parte do analista quanto do analisante – é insuficiente para esclarecer a "verdadeira" causa e retificar o analisante de acordo com seu desejo. Por isso dizemos que, em tais circunstâncias, o sujeito continua excluído do saber que ele mesmo produz sobre ele ou sobre as leis da gravidade, tanto faz. Ele aparece, como faltante. Há uma distância entre os enunciados e o lugar da enunciação, e toda dedução só pode se concentrar no plano dos enunciados. A psicanálise conta, então, com a ciência, mas pretende subvertê-la ao incluir a causa do desejo em seu campo.

O sujeito não alienado no saber que a psicanálise inscreve no real não é, assim, conhecido *a priori*. Como já dissemos, esse é um acontecimento contingente, dado não ser previsível como cada um se arranjará em seu encontro com a causa de seu desejo. O discurso do analista recupera, em sua operatividade clínica concreta, o que é da ordem da contingência ao abrir a possibilidade para o que escapa da ordem do necessário. Para tal, o analista dessupõe tanto o saber do analisante quanto seu saber referencial, teórico. Sua leitura não pode ser amorosa ou fascinada de modo a permitir o movimento próprio daquele analisante particular

A inscrição do sujeito no "coração da ciência", para usar a expressão de Luciano Elia (1999), traduz o lugar da interpretação em análise como não-toda. Por isso, o ato analítico tenta fazer falar o que nenhuma dedução ou argumentação é capaz de completar. Ele visa, no limite, à diminuição da distância entre os enunciados (saber) e a enunciação (a exigência pulsional que define o modo particular de inserção daquele sujeito na linguagem). O ato analítico tem um efeito de mostração e ensina como é precário o estatuto que qualquer saber dá à inscrição sexual no corpo.

A psicanálise se iguala, em rigor, à ciência, mantendo, porém, sua especificidade. Para que não se reduza simplesmente ao campo da ciência e perca sua particularidade, ela conta com a suposição, de saber, fazendo *"semblant"* de ciência de modo a convocar o sujeito em vez de eliminá-lo. Porém, ao mostrar os efeitos da suposição ela parece nos esclarecer como a ciência também opera no mesmo nível de suposição para encontrar seus objetos. Todos os cientistas compartilham crenças sobre o determinismo, sobre a regularidade na ocorrência de eventos, na possibilidade de que existam teoremas a serem demonstrados, etc. Entretanto, no caso de uma análise, a suposição é sustentada por uma crença de que será possível, para cada analisante particular, configurar uma saída que re-arranje as satisfações pulsionais. O nível em que isso ocorrerá e a forma de sua manifestação é que só serão compreendidos *a posteriori*.

Essa maneira de descrever a situação já está, é claro, no registro da *exposição* dos efeitos que a *suposição* de saber produz. O analista, além de obter efeitos analíticos, produz "conhecimento", *expõe, demonstra* o que ocorreu em cada análise. Ele tenta retirar de cada experiência o que ela pode revelar de uma estrutura (de invariante, de universal). Nesse momento, já não se trata do analista, mas de um pesquisador que está em transferência e, portanto, na posição de um *analisante*: busca autores, valoriza o Outro que possa diminuir sua angústia diante de um real que demanda produção de saber, requer a sanção de seus pares. Ao literalizar, ao formalizar cada evento singular, ele inscreve o particular da clínica na ciência. Aqui é o analista que procura adotar a atitude científica da demonstração (inclusive em relação aos efeitos de sua própria análise).

Não se pode esquecer, no entanto, das dificuldades inerentes à demonstração dos efeitos do discurso do analista. Se este pretende agenciar o sujeito não apenas às determinações significantes, mas também em relação aos modos de gozo, àquilo que é de outra ordem e que, por isso mesmo, é impossível de se traduzir em palavras, haverá perdas na passagem da experiência particular para o nível da demonstração. A própria análise mostra isso, essa resistência à simbolização, a insistência do retorno de uma verdade impossível de ser totalmente apreendida. Trata-se de um paradoxo da própria condição subjetiva que, segundo ainda Lacan (1985 [1972-1973]), só seria dissolvido, em cada caso particular, se fosse adotado o meio dizer da verdade, se a verdade fosse não toda dita. No tocante à demonstração, contudo, Lacan parece manter a exigência de um "delírio científico" (como Freud e seus mitos) para que o analista não se esqueça de lidar com as impossibilidades da clínica.

G. Morel (2000), ao comentar o interesse de Lacan pelos matemas, essa forma de álgebra que visaria a uma transmissão integral, sem perdas, alerta-nos para o paradoxo aí envolvido. Para a transmissão de um matema – por mais que se pretenda integral –, em psicanálise ou na ciência em geral, é necessário que o pesquisador fale. Mesmo nos outros campos de saber, onde a preocupação com a perda não importa tanto (no nosso caso a perda é a própria causa situada fora da cadeia de razões, a própria dimensão pulsional que constitui o sujeito da enunciação), as fórmulas não são suficientes para dar todo o recado. É necessário o uso da linguagem comum para sustentar a linguagem científica. No caso específico da psicanálise, em que seus "cientistas" se submeteram a uma análise e verificaram na própria pele o inverificável (ou seja, eles extraíram cada matema em suas próprias análises), a formalização de uma ciência do singular se torna mais facilmente compreendida entre os pares. Cada um *criou* uma saída de análise de forma particular; só que isso é válido para todos. Penso que a forma como cada um pode concluir sua transferência e assentir em relação à causa definirá o estilo como transmitirá a psicanálise. Há aí um corte que demarca mais ainda a especificidade da psicanálise no campo da ciência, pois aqui o sujeito se fará presente ao comentar uma teorização objetivada. Isso implica que há uma retórica adicionada à demonstração, que, no caso da psicanálise, fará toda a diferença. A produção do "conhecimento" em psicanálise parece depender, então, do *sinthoma* que define o "ser" do analista, dessa construção que se estabelece como o mínimo de redução após a análise e que se sustenta como da ordem do necessário. Em psicanálise, a transmissão das demonstrações não está isenta da castração (do pesquisador), ao passo que, na ciência, o simbólico (as fórmulas, as equações, etc.) pretende alcançar o estatuto de independência do pesquisador.

Muitas elaborações sobre psicanálise e ciência poderiam ainda ser feitas na tentativa de esclarecer a lógica da relação entre elas a partir da delimitação de suas especificidades e diferenças. Porém, a ênfase que se pretende dar aqui é sobre o problema do método. Gostaria de concluir que a descrição ou o próprio uso do método psicanalítico em uma pesquisa deve ser coerente com a formalização da clínica. O que deve ser levado em conta é que essa formalização tem revelado que as articulações significantes podem ser colocadas logicamente na modalidade do necessário (interpretação). Por outro lado, a quantidade de investimento libidinal que elas podem atrair escapa da possibilidade de cálculo e é mais bem caracterizada como contingente (ato). Essa divisão do sujeito é o obstáculo para que o método seja descrito dentro de um padrão acadêmico de pesquisa colocado como único, mas é, também, o que define o campo psicanalítico. Por isso é lícito perguntar: essa forma de produzir saber deveria ser excluída da academia simplesmente por acatar a modalidade do contingente?

Referências

BEIVIDAS, W. *Inconsciente et verbum: psicanálise, semiótica, ciência, estrutura*. São Paulo: Humanitas/USP, 1999.

BERNARDES, A. *Elaboração de saber na análise: um tratamento do impossível*. Rio de Janeiro: UFRJ. Tese (Doutorado em Teoria Psicanalítica) – Programa de Pós-graduação em Teoria

Psicanalítica, Instituto de Psicologia, Universidade Federal do Rio de Janeiro, Rio de Janeiro, 2000.

ELIA, L. Uma ciência sem coração. *Ágora: Estudos em Teoria Psicanalítica*, Rio de Janeiro, v. II, n. 1, p. 41-53, jan./jun. 1999.

FREUD, S. (1900) A interpretação dos sonhos. In: *Edição standard brasileira das obras psicológicas completas de Sigmund Freud*. 2. ed., v. 4, 5. Rio de Janeiro: Imago, 1987.

p. 13-700.

FREUD, S. (1914) Recordar, repetir e elaborar. In: *Edição Standard Brasileira das Obras Psicológicas Completas de Sigmund Freud*. v. 7. Rio de Janeiro: Imago, 1996.

GARCIA, C. Filosofia e psicanálise. In: TEIXEIRA, Antônio; MASSARA, Guilherme. (Orgs.). *Dez encontros – Psicanálise e Filosofia, o futuro de um mal-estar*. Belo Horizonte: Opera Prima, 2000. p. 219-233.

LACAN, J. (1969-1970) *O Seminário, Livro XVII: o avesso da psicanálise*. Rio de Janeiro: Jorge Zahar Editor, 1992.

LACAN, J. (1972-1973) *O Seminário, Livro XX: mais, ainda*. Rio de Janeiro: Jorge Zahar Editor, 1985.

LACAN, J. (1974-1975) A terceira. In: *Cadernos Lacan*. Porto Alegre: publicação não comercial da APPOA, v. 2, p. 1-72, 2002.

LIMA, M. O sujeito da experiência analítica entre o contingente e o necessário. *Ágora: Estudos em Teoria Psicanalítica*. Rio de Janeiro, v. 5, n. 2, p. 295-310, jul./dez. 2002.

MILNER, J-C. *A obra clara: Lacan, a ciência, a filosofia*. Rio de Janeiro: Jorge Zahar Editor, 1996.

MOREL, G. *Ambiguïtéssexuelles – Sexuationetpsychose*. Paris: Anthropos, 2000.

PINTO, J. M. Resistência do texto: o método entre a literalização e a contingência. *Ágora: Estudos em Teoria Psicanalítica*, Rio de Janeiro, v. 4, n. 1, p. 77-84, jan./jun. 2001.

TEIXEIRA, A. Sujeito sem qualidades, ciência sem consciência. In: TEIXEIRA, A.; MASSARA, G. *Dez Encontros entre Psicanálise e Filosofia* (Orgs.). Belo Horizonte: OperaPrima, 2000.

A psicanálise no mundo da informática e dos gráficos

Ilka Franco Ferrari

Os profissionais orientados pela psicanálise, também trabalhadores em universidades, não desconhecem variadas publicações abordando as dificuldades de convivência entre o saber centrado na dimensão de conceitos fundamentando conhecimento universal, já que sustentados pela consciência e pela verdade, e o saber que escapa e até subverte tudo isso.

Nesse caso e sempre, pode ser razoável considerar que a convivência supõe a fraternidade discreta, mencionada por Lacan na Tese V do texto em que aborda a agressividade em psicanálise (1998a, p. 126). Ela supõe fraternidade que considera sermos "por demais desiguais" e muitos desses profissionais, senão todos, já puderam experienciar a delicadeza dessa situação e a necessidade de seu manejo.

Nessa linha de desigualdade que exige fraternidade, discreta, o psicanalista Éric Laurent (2003) considera, no texto intitulado "Acto e institución", a importância da inserção do psicanalista (ou do profissional transferido com a psicanálise) no trabalho institucional, considerando o horizonte de sua época, conforme veementemente Lacan (1998b, p. 322) advertiu. Tal inserção, obviamente, pode ser mais favorável ou não à ruína da psicanálise, naquilo que esses profissionais propagam. O texto de Laurent está centrado na psicanálise aplicada à terapêutica, mas suas considerações oferecem a sensatez necessária para se pensar o trabalho na universidade e ilumina o fato de que a psicanálise, "como prática, é da ordem do social, é um laço social" (MILLER, 2005, p. 166).

Se nos dispomos a seguir com Laurent (2003), encontramos algo que não pode ser novidade, ou seja, que psicanálise e instituição sempre estiveram juntas. É ingênuo pensar que aquele que se dirige a um psicanalista em seu consultório privado está fora da instituição. Isso é desconsiderar que não há sujeito sem efeitos da civilização, ou seja, de formações discursivas. Na atualidade os profissionais se relacionam, no entanto, com variadas demandas institucionais e estão em diferentes lugares, como mais-um ou menos-um, de forma êxtima. E o importante é manter no norte que a tarefa daquele que pratica a psicanálise não é produzir interpretações, comentários infinitos, já que os psicanalistas não são os hermeneutas da instituição. O mais adequado é que suas produções estejam no registro do ponto de capitonê, e em posição socrática.

O psicanalista socrático, recorda-nos o autor mencionado (LAURENT, 2003), é aquele que interroga, inclusive, os mestres da instituição. Mas ele também sabe que desencadeia os poderes da linguagem e precisa estar atento à potência da palavra que só tem sentido se o profissional considera o momento de colocar o ponto de capitonê. Nesse relacionamento com as demandas institucionais é importante, portanto, estar na condição de descompletar, tornar inconsistente a figura do supereu e da demanda, desfazendo a figura do todo que faz Um. E por quê? Para que se possa escutar o saber que não supõe sujeito algum totalizador. Isso, sem esquecer que a instituição é um conjunto de regras que precisam ser consideradas, mas ciente e atento ao fato de que o sujeito sempre acaba por deixar este conjunto de regras incompleto.

Na instituição não deve haver, portanto, o psicanalista (ou aquele transferido com a psicanálise) sem o saber. Deve haver, com certeza e experiência, o profissional do saber explícito que, diante de todos, faz demonstração do que sabe: apresenta casos, supervisiona, dirige a instituição e, pode-se enfatizar no contexto do texto que se escreve, que é responsável por disciplinas universitárias, faz orientações de trabalhos acadêmicos e pesquisa. A posição do psicanalista que ensina e que transmite seu saber, diferentemente daquele encerrado em seu estatuto extraterritorial, é a que Laurent (2003) considera a mais favorável.

Marie-Hélène Brousse (2003), ao abordar, também, a questão da psicanálise em instituições, desenvolve raciocínio a respeito daquilo que faz com que a psicanálise não se dissolva, quando em meio a outros discursos, ou seja, aquilo que faz com que se possa dizer que, naquele contexto, ainda há psicanálise. E apresenta três condições: a consideração do Outro que não existe (A barrado); a transferência como condição de se passar do Outro do gozo ao semblante (S(s)S); e o sujeito do inconsciente como saber textual, e não um saber referencial ($). Três condições companheiras daqueles que têm a psicanálise como referência teórico/prática e presença no cotidiano da vida. E, sem receio de dizer, no cotidiano da vida universitária.

Pesquisa inerente à práxis

Se não é simples, portanto, encontrar-se em espaço onde o universo de conhecimentos deve circular e ser formalizado para, também, ser transmitido de forma universal, a experiência ensina que não tem sido em vão. Estar no espaço científico/acadêmico, sustentando que o pensamento que interessa à psicanálise "é o afetado pelo real", ou seja, "sempre do inconsciente", fazendo "furo no saber consciente" e, consequentemente, criando "dificuldades para a academia" (FRANÇA NETO, 2009) tem efeitos nada desprezíveis.

No âmbito do que se conhece, por exemplo, como pesquisa em psicanálise, os estudiosos podem encontrar vários trabalhos em que as singularidades, a contingência e o real se fazem presentes e são formalizados. E isso em trabalhos que afirmam a possibilidade de teoria construída a partir da práxis e de atualização permanente de conceitos, no horizonte da época, na forma de letra viva e não pura abstração, fundamento básico da psicanálise. Em monografias, dissertações e teses, conforme ressaltam Santos e Santiago (2009), é possível encontrar, diferentemente do que se afirma sobre o uso exclusivo de pesquisa bibliográfica em psicanálise, trabalhos que não a dissociam do exercício da prática. A pesquisa bibliográfica é sempre bem-vinda como modo rigoroso de investigação do texto, propiciando a aquisição e/ou a consolidação da estrutura dos conceitos, reconhecem os autores (SANTOS; SANTIAGO, 2009). A prática, que não despreza a existência de saber que escapa das formalizações e não comporta toda verdade, que sempre supõe atravessamento do real esburacando o saber, no entanto, possibilita colocar os conceitos em questão, até porque conta com a emergência do sujeito do inconsciente.

Dessa forma, ainda que somente de forma teórica, os bons leitores de Freud, para não dizer daqueles que ousam entrar no espaço lacaniano, não desconhecem que a pesquisa, onde ocorra, é inerente à *práxis* analítica. E não ignoram um dos ensinamentos de Freud (1969a, p. 152), possivelmente ainda ressoando em seus ouvidos, já que muito repetido, no momento em que reivindica que tratamento e investigação coincidam ao se exercer a psicanálise. Mas, se é conhecida a diferença entre a psicanálise como um saber sobre a estrutura do inconsciente e como dispositivo que dá acesso à experiência analítica, tampouco se desconhece que o saber por ela oferecido permite acessos ao funcionamento dos seres falantes, construtores de instituições, habitantes da cidade e produtores de marcas na civilização. Em nossa atualidade, marcada pela perda da eficácia das conexões com o Outro social e, consequentemente, por pontos de ancoragem frágeis, utilizando expressão de Holck (2008, p. 20), "a psicanálise voltada para os interesses e impasses da cidade" consegue estar presente, também, nas universidades, pelo menos em algumas universidades brasileiras.

As contribuições advindas dessa ocupação territorial, em geral, logo se fazem conhecer. E um pouco dessa repercussão pode ser atribuída à particularidade de que o campo de conhecimento da psicanálise, por sua estrutura não pode ser considerado pertencendo ao das ciências humanas. Na psicanálise não se trata, de forma alguma, do homem e de humanização. Pode ser lamentável, para alguns, nem lhes é obrigado crer, mas é inevitável dizer que a experiência clínica, em psicanálise, levou Freud a pensar, e os que o seguiram confirmaram, que no homem há animalidade. No humano sempre há resto de algo de incivilidade, portanto de inumano, o que Freud um dia chamou de pulsão de morte e Lacan de gozo, ponto mais íntimo de cada um. Tal constatação afasta a psicanálise da posição de humanismo e, também, do idealismo de pensar o homem inerentemente bom, cabendo ao social torná-lo mau. O mal habita cada humano e pode ser visto nos laços que cada qual estabelece com os semelhantes e, estranhamente, consigo mesmo. Nas constatações freudianas, o homem paradoxalmente busca o mal como se fosse seu bem, imerso em dor de existir, em vida nada tranquila de ser habitável, pois viver supõe o existir recoberto pelo Outro, não é pura existência, como ensina Lacan.

No seminário *El partenaire-síntoma* (2008), Jacques-Alain Miller faz questão de enfatizar que, a partir do *Seminário 20: Mais, ainda* Lacan começa a falar do ser que fala, *parlêtre*, neologismo criado para designar o que a noção de sujeito já não comportava. Se antes aparecia a noção do falta-a-ser, agora o ser se impõe. O próprio Miller afirma que até esse seminário Lacan estava confortável com sua invenção sobre o sujeito e que os psicanalistas de orientação lacaniana, continuam utilizando o termo porque, nos ensinos de Lacan, ele aparece com mais frequência e já se acostumaram a ele. Mas é importante fazer reconsiderações.

O termo "sujeito" e seu matema, $, conforme enfatiza Miller (2008, p. 164), é correlato da linguagem que esvazia gozo, sujeito morto representado por e para um significante, o que evidencia que esse termo está emparelhado com o conceito de linguagem não como aparelho de gozo, mas como desvitalizante, esvaziada de gozo. Um sujeito, como tal, não tem muito a ver com o gozo e, consequentemente, o termo "sujeito" já não dá conta das formalizações lacanianas. Torna-se necessário agregar-lhe a relação com o resto de gozo para se obter "o efeito sujeito e gozo". Assim, a partir de então o verdadeiro interesse de Lacan é o ser falante, *falasser*, que inclui o corpo, lugar de gozo, porque daí em diante esse autor já não pensa o inconsciente sem a pulsão, e a história do sujeito inclui um gozo que se encontra no nível da palavra.

Essa reviravolta não é sem consequências. Promove um giro no que Miller (2008, p. 165) chamou de "abc lacaniano": a noção de Outro já não é esvaziada de gozo; o significante não existe para ter efeitos de significado, pois agora ele se situa no nível da substância gozante e tem efeito de gozo. E, a partir do momento em que linguagem e gozo caminham juntos, uma comunidade se entende, não há nada mais para dizer. Lacan, de acordo com Miller (2008), chega a relativizar a ciência, ao afirmar que ela não é nada mais que a maneira como a comunidade científica se entende e o discurso de uma comunidade vale como Nome-do-Pai. Pode-se dizer que esse giro no "abc" reorienta o rumo de pesquisas universitárias e leva à reflexão sobre o que acontece na comunidade acadêmica, cheia de variados pontos de ancoragem. Usando um pouco as ideias millerianas, essa comunidade come o "brioche" conhecido como laço social, em uma "socialidade" que é fundamental, na ausência da "socialidade" sexual, já que a relação sexual não existe (MILLER, 2008, p. 167).

Mas, no campo da psicanálise, essa "socialidade" não se sustenta pela ética das boas intenções. Sustenta-se pela ética das consequências, dos resultados. Aprendemos que, por detrás de um bom coração e das boas intenções, não há somente desejo de enganar o outro; aqui o sujeito trata de se enganar sobre o gozo. A ética das intenções faria do sujeito um inocente, mas, com Kant e Freud, deve-se colocar em dúvida se alguma vez existiu boa intenção na face da terra. A ética consequencialista inclui as respostas que virão e, ainda que não se possa conhecê-las de antemão, é preciso contar com elas. Trata-se de enfrentar-se com o próprio desejo e assumir as consequências, onde se estiver.

Sobre o campo

Em função, portanto, da particularidade com que a psicanálise é formalizada, e dada sua inserção desigual entre outros discursos, é correto colocar na metodologia de uma pesquisa que se desenvolve, nesse referencial, que se trata de pesquisa de campo? Essa pergunta ainda é frequente no meio acadêmico, onde se encontram alunos desejosos de realizar monografias, dissertações ou teses, por exemplo, com dados extraídos em instituições.

A esse respeito é bem conhecida a citada argumentação de Elia (2000, p. 23), no texto "Psicanálise: clínica & pesquisa". Lá ele afirma: "Em psicanálise não há, a rigor, 'pesquisa de campo', formulação que pressupõe a existência de outras modalidades de pesquisa que justamente não seriam 'de campo', e sim 'teóricas', por exemplo [...]". Nesse caso o que há, em psicanálise, é um campo de pesquisa: o inconsciente, que inclui o sujeito. Sua afirmação é bem fundamentada por percurso que marca o modo científico de conceber e fazer pesquisa e a relação da psicanálise com a ciência, levando-a para outro rumo. Há cuidadoso desenvolvimento da subversão do campo científico a partir do que a psicanálise concebeu e formalizou como sujeito, bem como a impossibilidade de teoria dissociada da prática clínica em psicanálise.

Para favorecer reflexão sobre este tema, pode ser interessante, ainda, recorrer a informações que digam o que é pesquisa de campo. Não há o que perder.

Livros recentes, de reconhecido valor pelos trabalhos publicados, a exemplo de *A pesquisa qualitativa: enfoques epistemológicos e metodológicos* (2008), da Coleção Sociologia e composto por vários autores, trazem no corpo dos textos as pesquisas de campo como algo que lhes é próprio, sem se deterem em explicar teoricamente o que ela é, como usualmente acontecia em tempos mais remotos. Tempos atrás havia até capítulos de livros específicos para isso. Nesse sentido, o Prefácio ao livro mencionado, escrito por Tremblay (2008), intitulado "Reflexões sobre uma trajetória pessoal pela diversidade dos objetos de pesquisa", é aula sobre como realizar pesquisa de campo. Ele usa, inclusive, dados quantitativos de forma qualitativa, ou seja, ele os lê e interpreta mais além dos números. Tremblay é licenciado em Agronomia na Universidade de Montreal, com mestrado em Sociologia na Universidade Laval, e doutorado em Antropologia em Cornell. Trata-se de experiente pesquisador que ocupou diversos postos importantes, inclusive o de consultoria no Ministério de Saúde e Bem-estar Social do Canadá. Com pesquisas na área de saúde mental, toxicomania, família assalariada de Quebec, indígenas, entre outras, reconhece as dificuldades teóricas e metodológicas que tanto as ciências do homem como as naturais e experimentais enfrentam na apreensão do real.

De acordo com pesquisadores da área, os métodos qualitativos tiveram grande crescimento há um quarto de século. Isso fez com que fossem mais aceitos, valorizados, e lhes acompanhasse uma diversidade de práticas. Parece mesmo que as publicações atuais na área metodológica tendem a focar a questão da pesquisa qualitativa, com o reconhecimento da importância de dados que se desvencilham do protocolo da experimentação laboratorial. Elas veiculam a convicção de que a compreensão exata dos fenômenos sociais deve contar o contexto no qual eles se inserem, não abstraí-lo.

Laperrière (2008, p. 410) recorda que os métodos experimentais, quantitativos, ativeram-se a três tarefas para estabelecer valor dos resultados: a) validade interna, ou seja, exatidão dos resultados; b) a validade externa, dada pela possibilidade de generalização; c) a confiabilidade, garantida pela capacidade de reprodução que exclui, assim, resultados ligados a circunstâncias acidentais. Os efeitos perturbadores e particularizantes da subjetividade humana e do contexto social ficavam obviamente neutralizados ou desconsiderados. Diante da insignificância dos dados empíricos padronizados e da fundamentação das "grandes teorias", assegura Laperrière (2008, p. 411), nos anos 1950 veio a reação e, nas ciências humanas enfatizou-se a análise das significações e do contexto da ação social, forçando uma redefinição sistemática dos critérios de cientificidade que, também, incluísse a subjetividade.

Para os que se interessam pelo tema da pesquisa de campo, de forma mais tradicional e constando em capítulo de livro, elege-se aqui o conhecido artigo de Katz (1974), intitulado "Estudos de campo". Naquela época o autor lembrava que esse método era amplamente usado por antropólogos, em estudos de sociedades primitivas, a exemplo de Malinowski nas ilhas Trobiand. Tal estudo influenciou sociólogos a fazerem estudos detalhados de suas próprias sociedades, como os Lynd realizaram sobre Middletown, uma comunidade americana, e os psicólogos sociais que enfatizavam a importância de quantificar e verificar a observação fora dos laboratórios, em ocorrência natural. O psicólogo Schanck é mencionado como um dos primeiros a empregar o método, na cidade de Elm Hollow, onde viveu por alguns anos para realizar seu estudo.

No artigo mencionado, Katz mostra que seu alinhamento acontecia em direção à pesquisa de campo quantitativa, ao afirmar que a dimensão mais característica dos diversos tipos de estudos de campo é a importância conferida à mensuração. Isso pode ir do extremo da descrição antropológica interpretativa até uma investigação empregando "quantidades padronizadas de dados coletados, sob a forma de escalas de observação para registro do comportamento e de escalas de atitudes para mensuração de opiniões e sentimentos" (KATZ, 1974, p. 58). Esse autor detalha, com rigor, as etapas para o estudo/pesquisa ser realizado sob essa ótica: projeto inicial; expedição para reconhecimento também conhecida como investigação antropológica; formulação do projeto de pesquisa; pré-teste de procedimentos e instrumentos de pesquisa; operação definitiva do estudo de campo; análise do material recolhido. No último item enfatiza a precisão necessária para estabelecimento do N, número de grupos ou de participantes para o cálculo da significação estatística de uma diferença, construções de tabelas, etc. Ao concluir seu artigo, afirma que o estudo de campo, entre outras vantagens, "serve para prevenir o laboratório contra o desenvolvimento de um sistema de conceitos, que tem muito pouco a ver com o que é realmente desejado". Ele pode, ainda, "fornecer informações essenciais para tornar possível um experimento de campo bem-sucedido" (KATZ, 1974, p. 92, 93).

Para quem se interessar, no mesmo livro e vindo a seguir, está French Jr. (1974), que, por sua vez, dedica-se a abordar o experimento de campo, diferenciando-o do estudo de campo. Trata com minúcias as etapas pelas quais passa a elaboração de um experimento de campo com suas variações (pesquisa de ação, de avaliação, pesquisa operacional, etc.), descrevendo variável dependente e independente, grupos de controle, problemas de mensuração, etc. Ao final afirma que a primeira vantagem deste método é permitir relações causais, de causa e efeito, enquanto o estudo de campo revela apenas correlação. A segunda vantagem é que ele é adequado ao estudo de processos de mudança social, processos sociais e influências sociais. Em terceiro, trata-se de método que se adapta ao estudo de síndromes complexas e processos sociais que abrangem o inter-relacionamento entre diversas variáveis. Mas, curiosamente, por considerar a situação global, torna-se inadequado para estudar, com precisão analítica, hipóteses simples e mais específicas, o que faz com que o pesquisador necessite recorrer a outros métodos: "De modo geral, na medida em que o experimento de campo é empregado para testar hipóteses gerais, oferece contribuição à ciência; no mais, tem limitado valor prático" (FRENCH JR., 1974, p. 129).

Em época mais recente, a socióloga Minayo (1994), centrada na abordagem dialética, tem sido referência para falar sobre pesquisa de campo. Ao considerar que a abordagem dialética é mais um ideal perseguido que uma realidade conquistada, a autora a esclarece diferenciando-a do positivismo e da sociologia compreensiva. O positivismo, segundo ela, é criticado por considerar a análise social como objetiva quando realizada por instrumentos padronizados, pretensamente neutros. A linguagem das variáveis favorece generalizações precisas e objetivas e, por isso, há imaturidade nas ciências sociais quando incapazes de prever e determinar a ação humana. Na sociologia compreensiva, que coloca como tarefa central a compreensão da realidade humana vivida socialmente, e que propõe a subjetividade como fundamento do sentido da vida social, mais que quantificar há a preocupação em compreender e explicar a dinâmica das relações sociais. Ademais, nela se enfatizam o subjetivismo e o empirismo dos investigadores, que acabam por se envolver emocionalmente com seu campo de trabalho.

A abordagem dialética, por seu lado, a partir da experiência de Minayo (1994, p. 24), "propõe abarcar o sistema de relações que constrói o modo de conhecimento exterior ao sujeito, mas também as representações sociais que traduzem o mundo dos significados". A quantidade é vista como uma das qualidades dos fatos e fenômenos, e busca encontrar, na parte, a compreensão e a relação com o todo. Interioridade e exterioridade são constitutivas dos fenômenos. Há, então, "a necessidade de se trabalhar com a complexidade, com as especificidades e com as diferenciações que os problemas e/ou 'objetos sociais' apresentam" (MINAYO, 1994, p. 25). E, nesse referencial, a autora trabalha considerando o que denomina de "ciclo de pesquisa", ou seja, com a noção de que a pesquisa se constrói em ritmo próprio e particular, mas respeitando certa ordem: começa com um problema ou pergunta e termina com um produto provisório, já que passível de novas interrogações. Nesse ciclo há etapas interligadas começando com a fase exploratória da pesquisa, passando para o trabalho de campo e chegando ao tratamento do material.

O trabalho/pesquisa de campo para Minayo (1994, p. 26) consiste no recorte empírico da construção teórica elaborada no momento e combina entrevistas, observações, levantamentos de material documental, bibliográfico, instrucional, etc. Além do mais, ele "realiza um momento relacional e prático de fundamental importância exploratória, de confirmação ou refutação de hipóteses e construção de teorias". No texto "O trabalho de campo como descoberta de criação", Cruz Neto (1994, p. 53), baseado em Minayo, escreve que "campo de pesquisa é o recorte que o pesquisador faz em termos de espaço, representando uma realidade empírica a ser estudada a partir de concepções teóricas que fundamentam o objeto da investigação". Nesse espaço é primordial o lugar ocupado pelas pessoas e grupos, convivendo numa dinâmica de interação social, ou seja, sujeitos de uma determinada história a ser investigada, necessitando, então, de uma construção teórica que os transforme em objeto de estudo. Nas palavras do autor, "partindo da *construção teórica do objeto de estudo*, o campo torna-se palco de manifestações de intersubjetividades e interações entre pesquisador e grupos estudados, propiciando a criação de novos conhecimentos" (CRUZ NETO, 1994, p. 54).

Esse rápido percurso pelo mundo onde a expressão pesquisa/estudo/experimento de campo circula, elegendo alguns autores (outros profissionais poderiam ter outros autores como referência), nos alerta que há uma formalização rigorosa, criteriosa sobre a mesma. Não é expressão vã; sobre ela muitos se debruçaram buscando meios de aprimorar o caráter científico das pesquisas, e com concepções teórico/prático estabelecidas. É importante reconhecer, assim, que se a expressão "pesquisa de campo" é utilizada, em psicanálise, não se fala do que está formalizado com este nome, em livros de metodologia, e seu uso merece cuidado, modulações e, muitas vezes, vastas explicações. Essa pequena trajetória também pode abrir as portas para que o leitor esclareça o motivo de, um dia, apesar dos esforços de Freud para fazer psicanálise científica, Lacan (1998c) haver se perguntado que ciência poderia incluir a psicanálise. Psicanálise que colocava, para a ciência, justamente a questão de haver incluído o sujeito que ela, ciência, excluía em seus trabalhos.

Uma experiência de pesquisa

Começo esta seção confidenciando ao leitor que tenho uma promessa pública não cumprida: fazer de minha tese de doutorado um livro que tem muito a contar. Isso porque, com ela, consegui o feito de desagradar metodólogos e psicanalistas, ainda que nem todos. Os primeiros achavam que fiquei devendo no rigor da metodologia, embora houvesse utilizado até programa de informática de última geração, houvesse construído gráficos e feito análises percentuais, ademais de dar exemplos de tudo que se propunha fazer. Incrivelmente, mesmo a forma como se protegeu a identificação dos profissionais sofreu crítica de um membro da banca, por ser muito criteriosa e não possibilitar acompanhá-los ao longo das etapas de estudo, sabendo quem é quem; os segundos, ainda que de forma não escandalosa, me diziam que havia muita metodologia em meu estudo.

Enquanto o livro não sai, se é que sairá um dia, conto-lhes um pouco da experiência que, na atualidade, até me diverte.

Disposta a estudar o trabalho do praticante de psicanálise nas urgências de hospital psiquiátrico, mas, centrada naquilo que o fazia decidir pela internação, em época de muitas discussões sobre o assunto Reforma Psiquiátrica, o projeto foi aprovado e dois orientadores foram designados pela comissão: um deles, uma metodóloga, profissional especializada e reconhecida na Europa por seus trabalhos e publicações na área de metodologia da observação. A explicação para tal exigência de orientação se devia ao fato de considerarem delicados os dados de campo a serem trabalhados, extraídos nos dois maiores hospitais da rede pública de Belo Horizonte, Hospital Galba Velloso e Instituto Raul Soares. Engessada na exigência metodológica, lá fui eu pelo caminho de entrar em contato com o que Freud (1969b) anunciou, na Conferência XXVI, ou seja, que um dia haveria uma raça de psiquiatras que havia passado pela escola de psicanálise como ciência preparatória para trabalhar com as psicoses, pois todos os sujeitos da pesquisa tinham formação em psiquiatria.

As reuniões com a orientadora da metodologia, amável e acolhedora, marcavam os pontos de sustentação do trabalho: o desenvolvimento empírico deveria basear-se na metodologia observacional segundo os trabalhos de Anguera (1991), apoiada pela metodologia seletiva (DEL RINCÓN; ARNAL; LATORE; SANS, 1995), contando com a técnica de análise de conteúdo, nos moldes de Krippendorff (1980), e a de formato de campo, desenvolvida também por Anguera (1991). O material a ser estudado deveria ser: a) registro descritivo das entrevistas gravadas, realizadas pelos nove profissionais que cumpriam os requisitos estabelecidos, ou seja, eles se reconheciam como tendo formação em psicanálise ademais de terem, no mínimo, dois anos de experiência em serviço de urgência da rede pública; b) resposta dos profissionais à pergunta feita, imediatamente após a entrevista, sobre o motivo ou motivos daquela internação;

c) anotações da pesquisadora sobre fatos que não eram possíveis de gravação: comportamentos, interferências externas, por exemplo; d) respostas dos profissionais a nove perguntas que lhes foram enviadas, por escrito, com o título de "Entrevista Complementar". As perguntas percorriam: o(s) motivo(s) que ele acreditava haver para ser escolhido como participante da pesquisa; situações clínicas consideradas decisivas para a indicação de internação; rotinas de transmissão de informações a outros profissionais que seguirão com o caso e finalidade das mesmas; busca de informação sobre o sujeito durante a internação e objetivos dessa busca; ser ou não contatado pelo profissional que se tornou responsável pelo tratamento na enfermaria e opinião sobre as contribuições da formação psicanalítica para a prática nas urgências psiquiátricas.

Na análise dos dados deveriam ser considerados: a) análise descritiva de natureza qualitativa de aspectos contextuais da entrevista, como tempo de duração, autorização para gravação, efeitos da presença da observadora, presença ou não de acompanhantes e modo como o profissional lidava com isso; b) análise sequencial da conduta através do programa informático SDIS-GSEQ, de Bakeman e Quera, criado em 1996, na busca da existência de possíveis padrões estáveis na conduta dos profissionais, durante as entrevistas; c) análise descritiva de natureza qualitativa das respostas dos profissionais acerca dos motivos dos ingressos que fez; d) análise descritiva de natureza qualitativa das respostas dos profissionais na entrevista complementar, cotejando-as com aquilo que realizou, durante as entrevistas.

Foram 80 horas de observação, inúmeras gravações mais anotações, e decisão de separar três entrevistas, de cada profissional, que resultaram em internação, desde que estivessem claras as palavras ditas, para o estudo final. As demais foram utilizadas para aperfeiçoar o complexo sistema de categorias que se criava, construídas respeitando formatos de campo. Tal sistema de categorias supunha refinamento que permitia ler o ocorrido em cada intervenção do profissional e, consequentemente, considerar as intervenções que mais aconteciam, se elas surgiam daquilo que se ouviu ou não, a quem elas se dirigiam (ao sujeito ou ao acompanhante), qual era seu conteúdo, e em que época da história do sujeito elas se localizavam, na busca das informações (atual, pregressa ou futura).

O estudo da análise sequencial da conduta, através do programa informático SDIS-GSEQ, constituiu em caso especial: muito tempo gasto para entendê-lo, ausência de pessoas treinadas que pudessem dar treinamento, seus criadores o atualizavam continuamente, a complexidade do estudo parecia fazer com que todos estivessem aprendendo o programa, e a coisa não andava... mas não se retirava a exigência de seu uso, ainda que a organização dos dados já permitisse estudo riquíssimo. Afinal, durante as entrevistas descobriram-se quatro padrões de conduta naqueles profissionais, em que tudo parecia ser pura diferença.

Um dos padrões de conduta encontrado foi a presença de seguidas intervenções não contextualizadas no discurso, ou seja, não contextualizadas em algo que sujeito ou acompanhante havia falado. Eram perguntas que surgiam, aparentemente introduzindo algo novo, cortando a associação discursiva iniciada, não permitindo dizer a partir de que aconteciam, a não ser de algo que devia passar pela cabeça do profissional, embora algumas, poucas, decorriam de algo observado, visto no corpo do sujeito. Um exemplo pode ser o de que em determinado momento o profissional comenta, em tom interrogativo, que o entrevistado está com a boca amarela e este lhe responde, sorrindo envergonhado, que havia comido manga enquanto esperava. No hospital havia mangueiras. Esse era um momento bastante estranho do processo e nele prevaleciam intervenções sobre o contexto sociocultural da atualidade dos entrevistados, sugerindo a preocupação com o cidadão, o que é muito importante, mas levando ao afastamento da escuta do sujeito.

As intervenções contextualizadas no discurso, do sujeito ou do acompanhante, também geraram padrão de conduta mostrando rico momento de turno de palavras entre entrevistador e entrevistado. Por meio dessas intervenções alguns acompanhantes passavam ao plano principal. Explorava-se, a partir de algo que ele disse, o que lhe acontecia. Alguns deles também necessitavam de tratamento ou se encontravam em condição socioeconômica miserável, impossibilitando os cuidados necessários daquele que se apresentava como o enfermo. Por meio destas intervenções, claramente baseadas no que havia sido dito, contado por sujeitos e/ou acompanhantes, os profissionais exploravam o funcionamento psíquico e fatos da história passada. Pode-se constatar, então, por meio dos traçados gerados pelo SDIS-GSEQ, que eram os sujeitos e os acompanhantes aqueles que traziam a história passada para a cena. Eles queriam contar sua história subjetiva de sofrimento. Os profissionais, pelo padrão de conduta mencionado antes, preocupavam-se mesmo com dados da atualidade e o contexto sociocultural. O programa informático não só fornece as condutas que se seguem, mas também aquelas que essa sequência inibe. Decidi estudá-las porque depois de tanta luta para aprender a utilizar o programa gostava do que ele me dizia. Nesses dois padrões de conduta mencionados havia inibição do que chamei de fatemas, ou seja, recursos linguísticos tais como "hum... ham-ham...", que favorecem a atividade discursiva de quem está falando. Tal inibição predominando durante a entrevista podia favorecer a compreensão da duração das entrevistas, realizadas na média de 17min17s., pois diz de pouco espaço para o deslizar discursivo e da busca de objetividade.

Outro padrão de conduta encontrado diz respeito a intervenções decisórias, ou seja, quando chegava o momento de decidir, já não se abria mais espaço para pesquisar dados da vida do sujeito ou do acompanhante, ainda que surgissem. O profissional ocupava a cena, explicava a decisão de internar, fazia considerações, fornecia esclarecimentos sobre o que aconteceria e as providências necessárias. Isso, na maioria das vezes, dirigindo-se ao acompanhante. Infelizmente, houve alguns poucos casos em que o profissional se levantou e disse, por exemplo, "Acompanhe-me, por favor". E só assim sujeito e acompanhante souberam que a entrevista havia terminado e que haveria internação. Dado no mínimo curioso é que nenhum destes profissionais, em momento algum, fez intervenção destinada a tratamento psicoterápico. Sobre tratamento, feito ou a ser realizado, eram os medicamentosos aqueles que lhes interessavam. Nas considerações dos profissionais, na entrevista escrita ou na resposta sobre o motivo de ingresso, logo após fechar a entrevista, o fator agressividade (risco) foi considerado crucial para a internação. E, analisando as intervenções feitas, tais informações eram obtidas por meio dos acompanhantes. Pode-se deduzir, portanto, que aquilo que falavam os acompanhantes se constituía em fator decisivo para o ingresso.

Creio que não é difícil para o leitor imaginar a variedade de ricas informações obtidas por meio do trabalho desses profissionais, que tinham a média de 10 anos (extremos de 4 e 20 anos) em urgências psiquiátricas e trabalhavam, em média, 122 horas por mês nesses serviços (extremos de 44 a 192 horas). Aqui não me deterei em detalhá-las e seria difícil selecionar o que poderia caber neste espaço. Elas podem ser encontradas na cópia da tese que existe na biblioteca da PUC Minas e na publicação intitulada *O praticante da psicanálise na urgência psiquiátrica*, escrita um tempo depois (FERRARI, 2004). Mencionei os padrões de conduta, porque eles servem de exemplo que ensina. Ensinam que, mesmo usando uma linguagem de exigência metodológica "pesada", "dura", há possibilidade de análise em que a dimensão do sujeito não se perde. Não há caso perdido quando se ganha a tranquilidade das coordenadas que garante a existência da psicanálise em meio a outros discursos, sem neles se dissolver, tal como sistematizou Brousse (2003): o Outro que não existe, a transferência como condição de se passar do Outro do gozo ao semblante, e o sujeito do inconsciente como saber textual.

Houve um gosto especial, devo admitir, em constatar os psicóticos ensinando àqueles que preconizam que quem investiga não deve fazer a observação direta, pois consideram que se deve treinar alguém para fazê-la, de modo a evitar interferências perniciosas à obtenção dos dados. Nada disso aconteceu e a presença da pesquisadora até favoreceu o estudo, principalmente para os casos em que o profissional escrevia muito durante a entrevista e, consequentemente, olhava pouco para os que ali estavam. Por exemplo, houve um sujeito que só se levantou para sair em direção à internação depois que eu o convidei a fazê-lo, e após o profissional – que de cabeça baixa havia repetido várias perguntas já realizadas, todas respondidas com irritação – e o filho tentarem, de diferentes modos, que isto acontecesse. Houve sujeito que me agradeceu, quando saía, ainda que eu estivesse muda durante toda entrevista. Outro me perguntou se a gravação tinha ficado boa porque queria que meu trabalho ficasse bem feito, etc. O receio de que a pesquisa seria prejudicada porque seria complicado obter autorização para as gravações, porque os pacientes não permitiriam, em função de delírios persecutórios ou porque os acompanhantes também não aceitariam, caiu por terra. Quando o profissional lhes explicava o motivo de minha presença, uma pesquisa universitária, à exceção de um sujeito, todos concordavam de forma amável e alguns até elogiavam o trabalho de estar ali, para escutá-los, secretariá-los. O sujeito que evitou a gravação pediu que tudo fosse anotado porque tudo que ia dizer era muito importante e merecia ser registrado.

Todos os profissionais que participaram das entrevistas, destinadas à construção da tese, diziam que a formação psicanalítica era favorecedora de diagnósticos mais precisos, direção e avalição do tratamento, manejo da angústia diante das difíceis situações vividas na urgência hospitalar, e da distinção entre demanda do sujeito e demanda social. Pode não ter sido fácil, portanto, ler na conclusão do trabalho que os praticantes haviam chegado às urgências psiquiátricas, mas restava-lhes inventar o fazer psicanalítico naquele lugar. Alguns se manifestaram dizendo que tiraram proveito do que leram e viram, por meio de tantos gráficos e traçados gerados pelo programa de informática, acerca do trabalho que realizaram. Se houve o cuidado de não haver identificação pública de cada um deles, os que se interessavam podiam ir às entrevistas, anexadas na tese, na íntegra, contendo o sistema de categorização de cada intervenção. E aquele que é proprietário pode se reconhecer. Alguns, portanto, puderam refletir que ainda que possamos considerar a instituição como ordem instituída, onde prima a obediência, pela via do amor ou do mandato superegoico, sejam quais forem suas regras elas não livram o profissional daquilo que, entrelinhas, o conduz a querer aplicá-las e, dessa forma, dar-lhes consistência.

Cada hospital recebeu uma cópia da tese e o oferecimento de um retorno verbal. Não houve, no entanto, essa demanda. Tempos depois realizei uma pesquisa destinada a estudar as implicações da transformação do Posto de Urgência Psiquiátrica (PUP) do Hospital Galba Velloso-FHEMIG em Centro de Acolhimento da Crise (CAC), no contexto da Reforma Psiquiátrica. O estudo se deu a partir da data em que essa transformação aconteceu até a data que a pesquisa se propunha, o que resultou em 6 anos a serem estudados. Por meio de 600 prontuários, 100 por cada ano, e entrevistas realizadas, constatou-se que questões antigas, que apareciam na época da tese, ainda permaneciam. Dessa vez, no entanto, os pesquisadores envolvidos no trabalho foram convidados para palestra, no hospital, e o trabalho pôde ser útil na Reformulação do Plano Diretor da instituição.

O propósito de pesquisar e refletir sobre o que ocorre na civilização é antigo em psicanálise, está em suas origens e bastante vivo em nossa atualidade. Creio ser legítimo dizer que analistas e praticantes, distantes da ingenuidade de alguém portador do saber e de soluções para os dramas sociais, estão por aí, nas universidades, na cidade, como alguém que traz consigo importante ferramenta: a psicanálise como possibilidade... ainda que muitas vezes criticados, firmes nos propósitos de inventar soluções.

Referências

ANGUERA, M.T. *Metodología observacional en la investigación psicológica*. Barcelona: PPU, 1991.

BROUSSE, M.-H. 4 menos 1. *Cuadernos de Psicoanálisis*, n. 27, p. 37-40, 2003.

CRUZ NETO, O. O trabalho de campo, como descoberta e criação. In: MINAYO, M. C. S. *Pesquisa social, teoria, método e criatividade*. Petrópolis: Vozes, 1994. p. 51-66.

DEL RINCÓN, D.; ARNAL, J.; LATORRE, A.; SANS, A. *Técnicas de investigación en ciencias sociales*. Madrid: Dykinson, 1995.

ELIA, L. Psicanálise: clínica & pesquisa. In: ALBERTI, S.; ELIA, L. (Orgs.). *Clínica e pesquisa em psicanálise*. Rio de Janeiro: Rios Ambiciosos, 2000. p. 19-36.

FERRARI, I. F. O praticante de psicanálise na urgência psiquiátrica. In: FERRARI, I. F.; ARAÚJO, J. N. G. (Orgs.). *Psicologia e ciência na PUC Minas*. Belo Horizonte: Ed. da PUC Minas, 2004. p. 203-234.

FRANÇA NETO, O. Ciência, academia e psicanálise. In: SANTOS, T. C. (Org.). *Inovações no ensino e na pesquisa em psicanálise*. Rio de Janeiro: 7 Letras, 2009. p. 33-40.

FRENCH, Jr.; JOHN, R. P. Experimentos de campo. In: FESTINGER, L.; KATZ, D. (Orgs.). *A pesquisa na psicologia social*. Rio de Janeiro: Ed. da Fundação Getúlio Vargas, 1974. p. 95-132.

FREUD, S. (1912) Recomendações aos médicos que exercem a psicanálise. In: *Edição standard brasileira das obras psicológicas completas de Sigmund Freud*. v. 12. Rio de Janeiro: Imago, 1969a. p. 149-159.

FREUD, S. (1917) Conferência XXVI: A teoria da libido e o narcisismo. In: *Edição standard brasileira das obras psicológicas completas de Sigmund Freud*. v. 16. Rio de Janeiro: Imago, 1969b. p. 481-502.

HOLCK, A. L. L. A psicanálise e a guerra: estratégia, tática e política. In: MACHADO, O. M. R.; GROVA, T. (Orgs.). *Psicanálise na favela, Projeto Digaí-Maré: a clínica dos grupos*. Rio de Janeiro: Associação Digaí-Maré, 2008. p. 19-24.

KATZ, Daniel. Estudos de campo. In: FESTINGER, L.; KATZ, D. (Orgs.). *A pesquisa na psicologia social*. Rio de Janeiro: Ed. da Fundação Getúlio Vargas, 1974. p. 55-94.

KRIPPENDORF, K. *Metodología de análisis de contenido: teoría y práctica*. Barcelona: Paidós, 1980.

LACAN, J. A agressividade em psicanálise. In: *Escritos*. Rio de Janeiro: Zahar, 1998a. p. 104-126.

LACAN, J. Função e campo da fala e da linguagem em psicanálise. In: *Escritos*. Rio de Janeiro: Zahar, 1998b. p. 322.

LACAN, J. A ciência e a verdade. In: *Escritos*. Rio de Janeiro: Zahar, 1998c. p. 869-892.

LAPERRIÈRE, A. Os critérios de cientificidade dos métodos qualitativos. In: POUPART, J.; DESLAURIES, J.-P.; GROULX, L.-H. et al. (Orgs.). *A pesquisa qualitativa: enfoques epistemológicos e metodológicos*. Petrópolis: Vozes, 2008. p. 410-436.

LAURENT, E. Acto e institución. *Cuadernos de Psicoanálisis*, n. 27, p. 46-50, 2003.

MILLER, J. A. *El Otro que no existe y sus comités de ética*. Buenos Aires: Paidós, 2005.

MILLER, J. A. *El partenaire-síntoma*. Buenos Aires: Paidós, 2008.

MINAYO, M. C. S. Ciência, técnica e arte: o desafio da pesquisa social. In: _____. *Pesquisa social, teoria, método e criatividade*. Petrópolis: Vozes, 1994. p. 9-30.

SANTOS, T. C.; SANTIAGO, J. Inovações no ensino e pesquisa em Psicanálise Aplicada: proposta de grupos de trabalho na ANPEPP 2007/2009. In: SANTOS, T. C. (Org.). *Inovações no ensino e na pesquisa em psicanálise*. Rio de Janeiro: 7 Letras, 2009. p. 7-13.

TREMBLAY, M.-A. Reflexões sobre uma trajetória pessoal pela diversidade dos objetos de pesquisa. In: POUPART, J.; DESLAURIES, J.-P.; GROULX, L.-H. et al. (Orgs.). *A pesquisa qualitativa: enfoques epistemológicos e metodológicos*. Petrópolis: Vozes, 2008. p. 9-30.

A escrita do caso clínico em psicanálise: uma lógica não-toda

Cristina Marcos

O não-todo e o real

"Nenhuma práxis, mais do que a análise, é orientada para aquilo que, no coração da experiência, é o núcleo do real" (LACAN, 1990 [1964]). Desde 1953, na conferência intitulada *Le symbolique, l'imaginaire et le réel*, pronunciada no momento da fundação da Société Française de Psychanalyse, Lacan (1987 [1953]) estabelece uma tripartição estrutural como elementar, sem a qual nada pode ser distinguido na experiência analítica. O real já é aí apresentado como o que constitui os limites da nossa experiência, o que nos escapa na cura. Esse real que descompleta a teoria está na causa da escrita do caso clínico.

Com a noção do não-todo, Lacan faz uma crítica às proposições universais (MARCOS, 2014). Interessa-nos interrogar em que medida essa noção nos permite sustentar a dimensão singular do caso clínico. O relato do caso frequentemente vem demonstrar algum enunciado teórico, entretanto o caso clínico em psicanálise privilegia o singular e nos convoca a um distanciamento das classificações identificatórias. A escrita do caso clínico é regida por uma lógica não-toda fálica e que, portanto, não constitui nenhuma proposição universal. O caso não é uma parcela da verdade universal; ao contrário, ele se constitui a partir daquilo que nele rejeita a universalidade que pretende governá-lo. O que se apresenta em cada caso como não remetendo à identificação no campo do Outro revela o real em jogo na prática clínica. Tais são os pontos que pretendemos desenvolver ao longo do nosso texto.

Em seu seminário *De um discurso que não seria do semblante*, Lacan propõe interrogar o mito do pai primevo que goza de todas as mulheres a partir da lógica, do escrito (LACAN, 2009 [1970-1971], p. 63-64). O que designa o mito do gozo de todas as mulheres é que o "todas as mulheres" não existe, não há um universal da mulher. É através da função fálica que Lacan vai diferenciar homem e mulher e construir essa diferença de modo a distanciar-se de tomá-la como um dado natural. Nessa lição do seminário, ele faz uma menção rápida, mas importante, a *Totem e tabu*, evoca os signos utilizados pela biologia moderna para escrever o masculino e o feminino, o yin e o yang chineses e outros pares de oposição que buscam escrever a bipartição sexual.

Lacan (2009 [1970-1971]) dirá que extraímos do discurso analítico justamente a impossibilidade de tomar essa dualidade como suficiente. De fato, a função fálica torna insustentável essa bipolaridade sexual. Lacan precisa que no que concerne ao falo, não se trata da falta do significante, mas do obstáculo feito a uma relação. O falo não designa o órgão e sua fisiologia, nem a função que lhe atribuímos como a copulação. Trata-se não de um objeto, mas de uma relação, na medida em que o termo função na matemática e na lógica designa a relação entre elementos pertencentes a duas séries disjuntas. Sendo assim, a "função fálica" é a escrita de uma relação. Os dois elementos ligados ou diferenciados por essa função não são homens e mulheres, mas os seres falantes e o gozo. A função fálica nomeia a relação de cada ser falante ao gozo permitido pela linguagem.

Na escrita das fórmulas da sexuação, Lacan não escreve x de um lado e y do outro, é o mesmo x que encontramos em cada um dos lados e que designa o ser falante tomado pelo gozo ligado ao sexo e à linguagem. Esse x é o significante que vai representar o sujeito em relação à função fálica. De certo modo, ele é uma tentativa de escrever o sujeito do gozo sexual. O x não quer dizer "homem" ou "mulher" porque essa bipartição sexual é resultado das disposições enunciativas determinadas pelas fórmulas.

A psicanálise ensina que o fundamento do idêntico provém do imaginário, da imagem do corpo. Sabemos que o corpo imaginário não é unicamente a imagem especular, uma representação imaginária tomada como forma total, mas diz respeito também à experiência de ter um corpo como unidade na qual se localiza uma satisfação pulsional, uma experiência de gozo. Lacan o descreve no estádio do espelho. Essa experiência de gozo no corpo tomado como unidade é acompanhada de uma "azáfama jubilatória", ou seja, a assunção da imagem especular para esse ser mergulhado na impotência motora é acompanhada de júbilo. Para Lacan, a imagem não se reduz a uma gestalt, ela adquire também no registro do simbólico da linguagem uma função significante. Não há imagem unitária possível antes da constituição do corpo como unidade a partir de uma experiência sempre ancorada no registro simbólico como experiência de linguagem. Contudo, o momento do estádio do espelho estrutura o corpo como imaginário e funda as categorias do semelhante, do mesmo e do idêntico.

A categoria do diferente é enraizada na experiência da linguagem e do significante, que funciona sempre em um par de opostos. Para diferenciar duas coisas, identificamos cada uma delas a um de seus traços, a uma de suas características, a um atributo, e depois diferenciamos esses traços. Primeiro, há a identificação a um atributo e depois há a diferenciação e a classificação. É assim que a ordem significante e suas oposições binárias, por um lado, e a ordem gramatical da frase (sujeito-cópula-atributo), por outro, fundam a lógica aristotélica das classes (MOREL, 2000).

Sendo assim, a questão da diferença sexual inclui-se na dificuldade de pensar a diferença. Poderia ser natural pensar que a ausência de um traço de um lado seria a resposta à presença de um traço do outro lado e valeria como traço qualificando "Mulher" em oposição a "Homem". Mas a facilidade desaparece quando buscamos estabelecer o próprio que qualifica "Homem" e o próprio que qualifica "Mulher", sem articulá-los. Lacan observa que "[...] será que tudo que não é homem é mulher? Tenderíamos a admitir que sim... Mas, já que a mulher é 'não-todo', por que tudo o que não é mulher seria homem?" (LACAN, 1975 [1972]).

Lacan recusa esse dualismo, e é por essa razão que a ausência de traço fálico não tem nenhum valor complementar em relação à sua presença. Por que Lacan recusa essa bipartição sexual? Porque, como nos ensina Freud, a pulsão não comporta nenhuma relação natural ou pré-estabelecida a seu objeto, que faria da mulher o objeto do homem. Lacan vai tomar o cuidado de evitar que esse desequilíbrio gere uma simetria, que o traço presente à esquerda que funda o todo e a ausência do traço à direita que obriga o não-todo não constituam uma complementaridade.

Lacan aborda a questão da sexualidade feminina a partir da diferenciação entre o gozo fálico e o gozo suplementar. Em relação à identidade feminina, ele retoma o princípio freudiano do primado do falo como o representante da diferença entre os sexos no inconsciente através da postulação da inexistência de um significante d'A mulher. Quanto ao Édipo, ele afirma que as mulheres são não-todas inscritas na função fálica, assinalando um além do Édipo e um além da castração. Ao mesmo tempo em que elas estão submetidas ao Édipo e à castração, elas deles escapam. Finalmente, quanto à sexualidade, ele coloca uma ênfase menos sobre uma mudança de sexo (do masculino para o feminino) e de objeto (do clitóris para a vagina) do que sobre um suplemento que viria se acrescentar ao gozo fálico.

O feminino é considerado, por Lacan, a partir da tese de um ser que não se submete inteiramente ao Édipo e à lei da castração. Privilegiando menos a identidade do que o gozo feminino, menos a castração e a inveja do pênis do que a divisão introduzida na menina pelo primado do falo, ele funda suas interrogações a propósito do feminino na divisão da mulher entre os dois gozos. É na medida em que uma mulher não está completamente submetida à lei da palavra, e ao gozo que daí resulta, que haveria uma possibilidade de um outro gozo não-todo referido ao falo. Resta um inominável, um real que goza de um outro gozo, suplementar ao falo. A divisão não é feita entre a vagina e o clitóris ou entre atividade e a passividade, mas segundo a divisão que separa a linguagem e o corpo, o real e o simbólico.

A visão psicanalítica acerca da diferença sexual mostra que o real da psicanálise não é o real da ciência. A ciência descobre um saber no real do qual ela deduz leis que possuem um valor universal. Ela pode predizer o que se passa no real através de experiências empíricas. No que concerne à reprodução da espécie, a ciência pode descrever as leis às quais são submetidas a concepção e a evolução embrionárias.

Em psicanálise, não podemos traçar leis universais, deduzidas da experiência, para predizer o que tal sujeito faria colocado em tal situação. É verdade que existe um saber sobre as estruturas clínicas, sobre a sexualidade infantil, sobre o funcionamento do aparelho psíquico, assim como há um saber do caso clínico, mas que não precede a experiência da análise. Não há meios de conceber regras ou leis que regeriam as relações entre um homem e uma mulher como a ciência faz em relação ao comportamento de um espermatozoide e de um óvulo. O real, para a psicanálise, é essa ausência de lei para predizer as relações sexuais, ou melhor, é a ausência de uma escrita da relação sexual e as consequências, para cada um, desse defeito. Daí o aforisma lacaniano: não há relação sexual.

Na psicanálise, o real é esse buraco que, para o ser falante, vem no lugar das leis que determinam a vida sexual animal. Ele é essa impossibilidade de escrever a relação sexual. Lacan lê, nos textos freudianos sobre a sexualidade, uma falta original no imaginário dos seres humanos. Contrariamente à vida animal, plena e sem falhas, a vida humana é regida por um imaginário marcado pelo buraco, por um hiato real.

O real não é o que nomeamos como realidade, mesmo que seja verdadeiro dizer que é por meio da realidade que o abordamos. Ao contrário, ele é o que escapa à realidade, o que não se inscreve no simbólico; ele envia ao traumático, ao inassimilável, ao impossível. Lacan fala em "pedaço" ou em "resto de realidade". O real tem relação com a realidade, mas para designar um ponto que escapa ou resiste à simbolização desta. Assim, ele é definido como o que "não se liga a nada", que está "excluído do sentido", "impensável", "no limite de nossa experiência".

A mulher, não inteiramente no simbólico, teria uma relação privilegiada com o real. Lacan afirma o falocentrismo do inconsciente "com base em fatos clínicos" (LACAN, 1966a [1958], p. 686). O significante fálico é o significante-mestre da relação entre os sexos. Ele é o padrão, a medida comum, que organiza a diferença entre homens e mulheres. Entretanto, o outro gozo, que se acrescenta ao fálico, só pode ser situável a partir de uma outra lógica: a lógica do não-todo. É através da teorização do não-todo que Lacan tentará formalizar a particularidade da relação ao falo e ao real na mulher. No seminário *Mais ainda*, ele afirma:

> Como conceber que o Outro possa ser em algum lugar aquilo em relação a que uma metade – porque também é grosseiramente a proporção biológica – uma metade dos seres falantes se refere? É entretanto o que está escrito lá no quadro com aquela flecha partindo do A (barrado). Esse A (barrado) não se pode dizer. Nada se pode dizer da mulher. A mulher tem relação com S (de A barrado), e já é nisso que ela se duplica, que ela não é toda, pois, por outro lado, ela pode ter relação com o falo (LACAN, 1975 [1972-1973], p. 75).

O Outro sexo é justamente o que resiste à identificação, não se pode identificá-lo. O aforismo "Não há relação sexual" pode ser lido desse modo. Pode-se falar do homem, como universal, identificando-o ao falo, mas há do outro lado uma ausência, uma alteridade que não é identificável a nenhum significante: "A mulher não existe". Morel (2000) afirma que, no nível sexual, não podemos nos contentar com uma lógica da identificação e da classificação, mas que devemos levar em consideração uma lógica que não se reduz nem às oposições significantes nem à lógica dos atributos, "exigindo uma construção a cada vez singular, aquela do gozo e de suas modalidades na relação com o outro sexo" (MOREL, 2000, p. 79).

Miller (2003b) esclarece que é um erro tomar o não-todo lacaniano sob o modo do incompleto segundo o qual um todo supõe uma unidade e exige um limite que encerra um espaço e o não-todo seria a extração, por um segundo limite, no interior do primeiro espaço. A noção do não-todo proposta por Lacan só tem valor inscrito na estrutura do infinito, e não na incompletude. "O não-todo não é o todo amputado de uma das partes que lhe pertence. O não-todo quer dizer que não se pode formar o todo. É um não-todo de inconsistência e não de incompletude" (MILLER, 2003, p. 20).

Se afirmamos que a lógica do não-todo rege a escrita do caso clínico, devemos considerar que a questão metodológica na psicanálise deve ser abordada menos por uma incompletude ou impotência em se conseguir resultados satisfatórios de uma experiência, ideal de onipotência do pesquisador, do que por um outro valor de verdade, no qual o sujeito, o particular de cada experiência, está incluído.

A escrita do caso

De que modo a noção do não-todo tem relação com o posicionamento requerido pela psicanálise em relação à teoria e à clínica e à sua transmissão, com a escrita do caso clínico? Como essa noção viria modificar o manejo dos conceitos e as relações entre teoria e clínica?

A psicanálise suscitou e influenciou diversas formas narrativas, a saber: os relatos de casos, as vinhetas clínicas, as dissertações monográficas, os registros diários de sessões de análise, os relatos de passe, entre outros. O modo como Freud escuta suas pacientes modifica o relato do caso (MARCOS, 2007). A mera descrição dos fenômenos patológicos não é suficiente para transmitir o que se passa no espaço analítico. O nascimento da psicanálise confunde-se com os casos clínicos freudianos, inaugurando um método de pesquisa no qual o singular do caso permite, por um lado, aprofundar na compreensão do objeto estudado e, por outro, fazer avançar a teoria e reexaminar diversos aspectos teóricos e clínicos (FREITAS, 2000). A construção do caso clínico permite a articulação entre teoria e prática e a produção de um saber a partir da prática clínica, implicando a produção de um saber do particular, concernente ao ponto mais singular de cada caso, o que não resulta em uma desconsideração da dimensão geral do saber que o insere em determinada categoria clínica (BARROSO, 2003; BOURGUIGNON; BYDLOWSKI, 2006; PINTO, 2006, 2008). Há um valor metodológico do caso clínico na psicanálise, indicado por Lacan (1966b [1961]) como o que se encontra naquilo que o caso tem de mais particular, não sem considerar a categoria clínica na qual ele se insere.

O caso clínico em psicanálise leva em conta essa lógica do singular, a partir da qual podemos nos distanciar das classificações identificatórias. É nesse sentido que a noção do não-todo fornece sustentação à dimensão singular do caso clínico. O que caracteriza o Outro enquanto tesouro dos significantes caracteriza também o Outro sexo.

Desde Freud o valor do caso clínico é reafirmado. Entretanto, a dificuldade de transmissão do caso está longe de esmorecer. O caso Dora, primeiro grande caso tornado público por Freud, já revela a dificuldade de transmissão do que se passa durante o tratamento. Diante da dificuldade de comunicar o caso e da necessidade de fazê-lo, Freud escreve:

> [...] o médico assume deveres não só em relação ao paciente individual mas também em relação à ciência; e seus deveres para com a ciência significam, em última análise, nada mais que seus deveres para com os inúmeros outros pacientes que sofrem ou sofrerão um dia do mesmo mal (FREUD, 1987 [1905], p. 6).

Na apresentação do caso, Freud procede a uma verdadeira reconstituição que se apresenta sob a forma de uma narrativa. O modo como ele organiza seu texto persegue os efeitos de verdade tal como eles se manifestam no discurso. Seu trabalho segue uma orientação fundamental: "o conceito da exposição é idêntico ao progresso do sujeito, isto é, à realidade do tratamento" (LACAN, 1966c [1951-1952], p. 218). As etapas do tratamento podem ser localizadas como momentos de revelação da verdade do sujeito. Essa verdade não pode ser dita toda, ela surge em uma série de escansões e movimentos progressivos. Ou seja, a ordem da exposição da construção do caso segue os progressos do sujeito no tratamento. As etapas da construção seguem as etapas do tratamento.

É preciso reconhecer que na clínica não existe uma experiência crucial que nos permitiria estabelecer a verdade ou a falsidade de uma hipótese. Cada construção teórica explica uma parte dos fatos observáveis, e o sucesso de uma hipótese não repousa sobre a demonstração da prova, e sim sobre um processo. A escrita do caso clínico, em vez de se deter na busca do estabelecimento de critérios para assegurar a validação universal dos resultados obtidos através dos quais se alcança um saber universal, centra-se na busca de uma singularidade tomada como verdade do sujeito. De fato, a clínica é, ao mesmo tempo, lugar de emergência da teoria e seu laboratório. Ela não é nunca uma simples ilustração ou uma aplicação da teoria, porque ultrapassa sempre a capacidade explicativa da teoria.

Há que se perguntar se aquilo que está no lugar da causa da escrita do caso não se constitui como uma questão essencial. O modo como o sujeito que escreve se vale dessa causa, ponto de origem da escrita, para localizar e nomear pontos do real (Attié, 2012) toca aquilo que o caso tem de mais singular. Attié afirma que há uma dimensão do real que diz respeito à pulsão que não cessa de se escrever, de se repetir, até que algo se simbolize e tempere um pouco seu gozo. Na pulsão, algo funciona como necessário, e por isso pode se escrever. Mas há também essa outra dimensão do real como impossível de se escrever, como a relação sexual (Attié, 2012).

Em *Lituraterra*, Lacan (2009 [1970-1971], p. 116) afirma que "a escrita é, no real, o ravinamento do significado". O ravinamento é um escoar com força, um cavar sulcos no solo. A escrita cava na língua todo tipo de significação.

> Isto é para lhes definir por que se pode dizer que a escrita é, no real, o ravinamento do significado, ou seja, o que choveu do semblante como aquilo que constitui o significante. [...] A escrita, a letra, está no real, e o significante, no simbólico (Lacan, 2009 [1970-1971], p. 114).

Nesse texto, Lacan (2009 [1970-1971]) insiste na distinção entre o significante e a letra. Ele evoca uma paisagem vista do avião em sua viagem de retorno do Japão. Por entre as nuvens, ele vê uma planície desolada marcada unicamente pelo escoamento das águas. Os semblantes, como as nuvens, rompem-se, e o que se precipita fura o saber como um ravinamento do significado, como gozo. Assim como a chuva faz rasura na terra, o gozo faz sulcos no real. A letra é o litoral que faz borda entre estes dois campos heterogêneos: o saber (os semblantes e os significantes) e o gozo. Sendo assim, a letra pode articular saber e real. Lacan continua afirmando que "o sujeito é dividido pela linguagem, mas um de seus registros pode satisfazer-se com a referência à escrita, e o outro, com o exercício da fala" (LACAN, 2009 [1970-1971], p. 117). Enquanto, através da palavra, o sujeito vai em busca de uma significação, através da escrita, ele esbarra com um real sem sentido.

Attié (2012) afirma que aquilo que se escreve fica entre o significante e a letra; o significante chamando uma parte da verdade, e a letra sendo o índice do impossível. Sendo assim, as relações entre a escrita e o real dizem respeito seja ao necessário – aquilo que cessa de não se escrever –, seja ao impossível – aquilo que não cessa de não se escrever. Nesse limiar situa-se a escrita do caso.

O relato do caso, o fragmento clínico, vem frequentemente demonstrar algum enunciado teórico. A afirmativa particular – o caso em questão – encontraria assim seu lugar numa categoria abstrata de determinada teoria. Nesse sentido, haveria uma certa harmonia entre um caso e a teoria da qual ele parte e teríamos um saber congruente com a realidade que ele descreve. Nele, o caso surge como ilustração da teoria, e o fragmento teórico tomado como referência transforma-se em uma espécie de coeficiente da realidade. A singularidade que o caso clínico tinha, por assim dizer, missão de enunciar desaparece.

Laurent (2003) afirma que a multiplicidade dos modos de narrativa do caso e a dificuldade em torno de seu relato designam um mal-estar. O qualitativo contra o quantitativo, a vinheta contra o caso extenso, a monografia exaustiva contra os fragmentos – essas são algumas das oposições em torno das quais a discussão se faz. Oposições apontadas por Laurent, no entanto, como falsas. Se Lacan, em sua entrada na psicanálise, abandona a ambição por um método exaustivo ideal, é porque o relato será orientado pela demonstração do envelope formal do sintoma e a ênfase será dada à reconstrução, por cada sujeito, da sua história. Laurent nos remete à experiência do passe, na qual cada um sustenta a construção do seu próprio caso, e evidencia essa dimensão da enunciação de cada um:

> Isso se dá por meio de uma língua comum, uma definição comum do que seria um caso, do que seria uma análise ideal, um resultado previsível? É no inverso dessa via que o discurso analítico procede. Certamente, o relato de caso comporta as formas pautadas nas diferentes comunidades de trabalho psicanalíticas. Há modelos do gênero que circulam. Mas, é na distância com relação a esses

modelos que a qualidade do trabalho de cada analista, sua presença se faz escutar. O caso clínico é, neste sentido, tanto inscrição como afastamento (LAURENT, 2003, p. 72).

O real em jogo na clínica

O real e sua singularidade denunciam a variedade dos casos. Quando o sujeito se apresenta com seu gozo, com aquilo que ele tem de mais singular, é a dimensão do real que surge, impedindo a classificação.

> Anteriormente, a clínica clássica tinha como reposta uma estrutura do "todo", a estrutura da sexuação masculina, na qual o universal se manifestava. No entanto, hoje, o sujeito não se encontra mais ligado aos significantes do Outro. Os sintomas encontram-se a serviço do gozo, denunciando a ruptura dos laços com o Outro (DERZI, 2011, p. 107).

Essa clínica nos remete à pluralização dos Nomes-do-Pai relativa à função da metáfora paterna (TENDLARZ, 2007). Na primeira clínica de Lacan, temos como norte a presença ou a ausência do Nome-do-Pai. Na segunda clínica, borromeana, a diversidade de soluções inventadas pelo sujeito já não corresponde ao regime do Nome-do-Pai, mas sim ao regime do não-todo contemporâneo. Podemos pensar que a clínica clássica, que corresponde à estrutura do todo e das classes, ou seja, da sexuação masculina, tornou-se uma clínica do não-todo. Revela-se que não há um todo universal, o que Lacan nomeou como não-todo.

Tomar o caso como único é extrair o que lhe é próprio e destacar a solução única que retira o sujeito das classificações (MILLER, 2003a). Se, por um lado, podemos pensar em tipos clínicos em nossa contemporaneidade (ALVARENGA, FAVRET; CÁRDENAS, 2007), por outro, devemos nos perguntar sobre a particularidade das soluções encontradas pelos sujeitos, um a um, diante das dificuldades que experimentam na construção da relação com o Outro. Se tomamos como eixo o declínio do Nome-do-Pai na cultura, podemos interrogar seus efeitos na clínica e nos sintomas contemporâneos. A pluralização dos Nomes-do-Pai (TENDLARZ, 2007) aponta para a passagem de um elemento organizador ao múltiplo. Há que se ressaltar a importância do diagnóstico para a clínica psicanalítica e, ao mesmo tempo, levar em consideração o que há de único em cada sujeito. Miller (2003a) recorda-se do neologismo lacaniano varité, uma condensação entre a verdade e a variedade, para afirmar o caráter relativo das classificações diagnósticas. O sujeito é sempre um deslocamento em relação à classe.

Miller (2003a) se pergunta qual é a regra universal da espécie dos sujeitos sob a qual cada analisante subsume seu caso. A resposta é um universal muito particular: a ausência de regras. É o único universal que vale para um sujeito, porém é um universal negativo que significa a ausência de uma regra e que, portanto, revela que a relação do sujeito com o outro é aberta a contingências, variações, invenção. O que quer dizer que o ser falante não pode subsumir a si mesmo como um caso da regra da espécie humana. O sujeito é sempre exceção à regra, e seu sintoma é sua invenção ou reinvenção da regra que lhe falta. Certamente temos sintomas típicos, mas eles são particulares a cada sujeito, únicos.

Todo diagnóstico se refere à classe, e sabemos que nossas classes diagnósticas não têm um fundamento nem na natureza nem na observação; são antes artifícios que se fundam na prática linguística dos praticantes. O universal da classe, seja ela qual for, nunca está completamente presente em um indivíduo. Há sujeito toda vez que o indivíduo se distancia do universal. Como indivíduo real, pode ser exemplar de uma classe, mas é sempre um exemplar com uma lacuna. Há um déficit da instância da classe num indivíduo, e é justamente por causa desse traço que o indivíduo pode ser sujeito, por nunca poder ser exemplar perfeito (MILLER, 2003a, p. 30). Passamos assim do universal da classificação ao singular de cada caso, da estrutura aos modos de gozo.

É isso que faz Miller (2005) referir-se à navalha de Ockam, tese segundo a qual as classificações são semblantes; o que existe são os indivíduos. O ponto de vista nominalista nos liberta do peso das classificações e faz surgir a singularidade. No entanto, há espécies objetivas, a estrutura existe, e por isto Lacan pôde dizer que era realista, e não nominalista. Na clínica, há um momento nominalista, é esse no qual recebemos o paciente em sua singularidade, sem compará-lo com nada, como o inclassificável por excelência. Mas há um segundo momento, o momento estruturalista, no qual nos referimos a tipos de sintoma e existência da estrutura. Miller (2005) afirma que Lacan parte do nominalismo: o ciframento do gozo é singular. Depois, ele passa ao realismo das estruturas e denuncia aí uma ilusão; as classes são semblantes.

O que se apresenta em cada caso como não remetendo à identificação no campo do Outro revela o real em jogo na prática clínica. Trata-se de se orientar e tomar o caso a partir desse real em jogo. Lacan afirma, na introdução à edição alemã de um primeiro volume dos Escritos, que:

> [...] o que decorre da mesma estrutura não tem forçosamente o mesmo sentido. É por isso que só existe análise do particular: não é de um sentido único, em absoluto, que provém uma mesma estrutura, sobretudo não quando ela atinge o discurso. [...] Os sujeitos de um tipo, portanto, não têm utilidade para os outros do mesmo tipo (LACAN, 2003, p. 554).

Referências

ALVARENGA, E.; FAVRET, E.; CÁRDENAS, M. H. Apresentação. In: *A variedade da prática do tipo clínico ao caso único em psicanálise*. Rio de Janeiro: Contracapa, 2007. p. 7-9.

ATTIÉ, P. Écriture et réel. *Quarto Revue de Psychanalyse*, Paris, n. 101-102, p. 142-151, 2012.

BARROSO, S. Sobre o caso clínico: uma contribuição à metodologia de pesquisa em psicanálise. *Almanaque de psicanálise e saúde mental*, Belo Horizonte, v. 9, p. 19-24, 2003.

BOURGUIGNON, O.; BYDLOWSKI, M. *La recherche clinique en psychopathologie: Perspectives critiques*. Paris: PUF, 2006.

DERZI, C. M. de. *L'incroyance en l'autre dans le monde postmoderne*. Paris: Atelier Nacional de réproduction de thèse, 2011.

FREITAS, S. Da observação clínica à pesquisa em psicanálise. *Cadernos IPUB*, Rio de Janeiro, v. 20, p. 28-35, 2000.

FREUD, S. (1905) Fragmento da análise de um caso de histeria. In: *Edição standard brasileira das obras psicológicas completas de Sigmund Freud*. v. 7. Rio de Janeiro: Imago, 1987. p. 1-119.

LACAN, J. (1953) Le symbolique, l'imaginaire et le réel. In: *Bulletin intérieur de l'EFP: fragments 3*. Paris: École lacanienne de psychanalyse, 1987.

LACAN, J. (1958) La significations du phallus. In : *Écrits*. Paris: Seuil, 1966a. p. 685-695.

LACAN, J. (1961) La direction de la cure et les principes de son pouvoir. In: *Écrits*. Paris: Seuil, 1966b. p. 585-645.

LACAN, J. (1951-1952) Intervention sur le transfert. In: *Écrits*. Paris: Seuil, 1966c. p. 215-226.

LACAN, J. (1964) *O Seminário, livro 11: os quatro conceitos fundamentais da psicanálise*. Rio de Janeiro: Zahar, 1990.

LACAN, J. Introdução à edição alemã de um primeiro volume dos Escritos. In: *Outros escritos*. Rio de Janeiro: Zahar, 2003. p. 550-557.

LACAN, J. (1970-1971) *O Seminário, livro 18: de um discurso que não seria do semblante*. Rio de Janeiro: Jorge Zahar, 2009.

LACAN, J. (1972-1973) *Le Seminaire, livre XX: encore*. Paris: Seuil, 1975.

LAURENT, E. O relato de caso, crise e solução. *Almanaque de Psicanálise e Saúde Mental*, Belo Horizonte, v. 6, n. 9, p. 69-76, 2003.

LE GAUFEY, G. *Le pastout de Lacan: consistance logique, conséquences cliniques*. Paris: EPEL, 2006.

MARCOS, C. A escrita da clínica: o fracasso como estilo. In: BELISSÁRIO, M. A.; MYSSIOR, S; BRASIL, V. (Orgs.). *Transfinitos Colóquio: a escrita na psicanálise*. Belo Horizonte: Autêntica, 2007. p. 79-83.

MARCOS, C. O não-todo de Lacan e a lógica do caso clínico. *Revista aSEPHallus de Orientação Lacaniana*, Rio de Janeiro, v. 9, n. 18, p. 4-16, 2014.

MILLER, J.-A. O rouxinol de Lacan. *Carta de São Paulo*, São Paulo, v. 10, n. 5, p. 18-32, 2003.

MILLER, J.-A. Uma partilha sexual. *Clique*, Belo Horizonte, n. 2, p. 12-29, 2003.

MILLER, J.-A. La conversación. In: *Los inclasificables de la clinica psicoanalítica*. Buenos Aires: Paidós, 2005. p. 317-414.

MOREL, G. *Ambiguïté sexuelles*. Paris: Anthropos, 2000.

PINTO, J. Psicanálise e universidade: mais, ainda. In: LO BIANCO, A. C. (Org.). *Freud não explica: a psicanálise nas universidades*. Rio de Janeiro: Contra-Capa, 2006. p. 29-38.

PINTO, J. *Psicanálise, feminino, singular*. Belo Horizonte: Autêntica, 2008.

PORGE, E. *Transmettre la clinique psychanalytique Freud, Lacan, aujourd'hui*. Paris: Érès, 2005.

TENDLARZ, S. E. O inclassificável. In: ALVARENGA, E.; FRAVET, E.; CÁRDENAS, M. H. (Orgs.). *A variedade da prática do tipo clínico ao caso único em psicanálise*. Rio de Janeiro: Contracapa, 2007. p. 27-32.

O(a) pesquisador(a), o método clínico e sua utilização na pesquisa

Margareth Diniz

Método clínico, pesquisa, subjetividade, relação com o saber

A psicanálise é uma teoria que se construiu considerando os erros e acertos de Freud. Os casos estudados por ele são considerados fracassados do ponto de vista da cura; no entanto, ele não os escondeu ou os negligenciou, fazendo parte de sua construção teórica; é a partir de suas reflexões sobre os casos clínicos que ele tece a teoria psicanalítica. Lacan, ao realizar uma releitura freudiana, também se propõe a entender o cerne da experiência freudiana, a qual, segundo ele, não se transmite somente em sua teoria. Ele nomeia como letra de Freud aquilo que, no texto dele, se inscreve da experiência freudiana. Para ele, não se trata de gravar as palavras, os conceitos de Freud, em "letras de ouro". Lacan quer saber o que permite a uma psicanálise ser psicanálise, o que a condiciona, o que a determina. Isso implica em enfrentar, no que é transmitido desde Freud, as arestas de seu pensamento e não somente o brilho teórico. Para ele: "transmitir um modo de investigação do emprego do poder da fala e da linguagem não significa ensinar somente conceitos. Trata-se de transmitir também os problemas gerados por esta investigação" (LACAN, 1998, p. 243).

Lacan (1998, p. 98) comenta que a teoria freudiana sobre a cura pela fala não amedronta os analistas posteriores a Freud: "É das dificuldades de Freud que eles mostram pavor". As bordas da ação analítica deixam marcas na teoria freudiana, que apreendemos somente com o próprio movimento da investigação de Freud em torno de seus impasses. Para esse autor, a definição de letra de Freud é aquilo que, como marcas dos impasses, se inscreve da experiência freudiana.

A teoria construtivista no campo educativo também buscou considerar o erro como parte da construção do conhecimento, quando detectou que a criança passa por etapas da construção do pensamento em relação à aquisição da leitura e da escrita. Esta teoria estabeleceu uma outra relação com o erro e a aprendizagem, e a relação entre ambos, o que era desconsiderado pelas teorias que antecederam o viés sociointeracionista.

Quanto à produção do conhecimento considerado científico, ele ocorre à margem dos sujeitos que o produzem, devido à complexidade que se coloca quando consentimos nos atravessamentos inconscientes que o perpassam. As pesquisas de mestrado e doutorado, quando chegam ao termo de sua produção, nos parecem alheias aos sofrimentos, alegrias, percalços, idas e vindas na construção do objeto de pesquisa, nas saídas encontradas pelo/a pesquisador/a em sua trajetória de pesquisa, como de resto, na produção de conhecimento. Não se trata aqui da suposta neutralidade do/a pesquisador/a, pois já consentimos há muito tempo que os conhecimentos objetivos são perpassados por pressupostos teóricos, filosóficos, ideológicos ou axiológicos, nem sempre explicitados. As ideologias subjacentes às opções teóricas e metodológicas são muitas e caso o/a pesquisador/a seja experiente, conseguirá distingui-las em sua investigação, inclusive problematizando-as.

Sabemos que as pesquisas hegemônicas ou reconhecidas pelos pares no interior do campo[1] científico não têm destacado os aspectos subjetivos que atravessam a pesquisa, para além dos aspectos ideológicos aqui citados. Pouquíssimas produções científicas se debruçam sobre a interferência de aspectos subjetivos que atravessam essas produções. Não há muitos relatos acerca dos avanços, recuos, ensaios que perpassam a investigação e, consequentemente, não há uma consideração de que esse processo pode ser causador de sofrimento, como cita Bourdieu (1997):

---

[1] Os campos, de acordo com Bourdieu (1997, p. 27), são os lugares de relações de força que implicam tendências imanentes e probabilidades objetivas. O campo é definido por ele (1997, p. 20) como um espaço relativamente autônomo, mas dotado de suas leis próprias. O campo literário, artístico, jurídico ou científico, isto é, o universo no qual estão inseridos os agentes e as instituições que produzem, reproduzem ou difundem a arte, a literatura ou a ciência.

> A vida científica é extremamente dura. Os pesquisadores estão expostos a sofrer muito e eles inventam uma porção de estratégias individuais destinadas a atenuar o sofrimento. [...]. Os coletivos de reflexão permitiriam abordar e tratar essas questões de frente. [...] Sob o risco de parecer ingênuo, diria que haveria um lugar para coletivos de testemunhos de sofrimento científico. Eu lhes asseguro que há material (BOURDIEU, 1997, p. 73).

No presente artigo, busco elucidar que a construção do conhecimento não passa ao largo do que experimentamos ao realizar uma pesquisa. Em função da minha formação em psicanálise, não é possível desconhecer, para além da problemática subjetiva nomeável, a complexidade da realidade psíquica inconsciente que interfere no campo científico como resistência à objetividade. Márcia Bacha (2002) afirma que em Bachelard encontramos elementos considerados revolucionários no campo epistemológico, quando o autor trabalha no que ele chamou de "obstáculo epistemológico":

> A começar pelo seu objeto de investigação: sendo histórico, o racionalismo aplicado não reflete sobre resultados, mas sobre os processos de criação dos conceitos e teorias científicos, nos quais ele descobre a marca forte do inconsciente e da singularidade aparentemente alheia ao território da razão (BACHA, 2002, p. 29).

Dessa forma, é possível afirmar que alguns elementos que atravessam a produção científica podem ser nomeados, e há outros que nos atravessam e que não conseguimos nomear, embora saibamos que estão presentes. Podemos fazer opção por ignorá-los, pois enfrentá-los nos coloca em uma posição desconfortável, remetendo-nos a uma sensação de estarmos mal colocados no campo científico, pelo menos aquele considerado legítimo pela maioria de nossos pares, o qual acredita no distanciamento absoluto do pesquisador e da pesquisadora de seu objeto de pesquisa.

Para além de uma disputa de posições teóricas, ou do estabelecimento de uma verdade, interessa-me elucidar que tanto o processo de pesquisa quanto o produto final alcançado pelo/a pesquisador/a sofrem percalços, exigindo, de saída, um envolvimento de ordem racional e emocional com o objeto de pesquisa e em seguida um necessário distanciamento, evidenciando assim uma tensão entre conhecimento e saber, ou antes, entre objetividade e subjetividade.

Considerar o conhecimento como objetivo (encontra-se disponível na cultura, de forma sistematizada e legitimada, para quem queira apreendê-lo e transformá-lo) e o saber, além de uma dimensão objetiva (que se pode perceber quando o sujeito toma para si o conhecimento e o transforma), contendo também uma dimensão inconsciente (que o move ou o paralisa na sua produção ou apreensão do conhecimento), é consentir que tanto a produção do conhecimento científico quanto a sua transmissão através dos processos educativos estão permeadas por nossas fantasias, mitos, resistências, nem sempre passíveis de elucidação. Embora nos seja muito difícil operar com uma lógica que considere a incidência do inconsciente na cultura, e consequentemente no campo educativo, não me é possível desconhecê-la, nem como professora, nem como pesquisadora.

É o método clínico que considera o processo e o produto que permitirá o exercício de nos colocarmos em duas posições: uma em que há mistura com o objeto de estudo e uma outra posição em que observamos como ocorreu essa mistura, buscando descrevê-la objetivamente e não a escamoteando, como pretendem muitos teóricos.

O método clínico: como defini-lo?

O método que permite o envolvimento do/a pesquisador/a com seu objeto de pesquisa e que não está inicialmente pronto tem uma aproximação com o que faz o clínico, aquele que se "debruça sobre o paciente", sendo o paciente "qualquer ser humano que queremos conhecer" (CASSORLA, 2003).[2] O método clínico é definido por André Lévy (2001, p. 28) como um método que permite a abordagem do outro, nas relações interindividuais e nas relações sociais. É também uma *démarche* ativa de pesquisa e de intervenção, que considera os valores e as posições subjetivas no trabalho científico, além de permitir explicitar a relação do sujeito com o saber.

Ao operar com o método clínico, devemos considerar que esta perspectiva permite apreender, ainda que parcialmente, os movimentos que perpassam a construção de um conhecimento, estando, em parte, a serviço de crenças e valores, e de fantasias, nem sempre conscientes *a priori,* e que a verdade científica é sempre parcial, incompleta, inacabada e não total como o pensamento humano anseia tão profundamente.

---

[2] Ainda que a pesquisa se utilize do método clínico, é preciso não confundi-lo com a análise propriamente dita. Embora ambas partam do discurso do sujeito, a pesquisa não visa a uma intervenção terapêutica.

Egberto Ribeiro Turato (2003, p. 235) afirma que, a rigor, a medicina grega é a fonte historicamente remota de métodos clínicos de pesquisa, ressaltando que foi nessa época, há cerca de 20 séculos, que detentores de conhecimentos sistematizados acerca do que afligia o bem-estar do indivíduo tornaram-se observadores qualificados, tendo esses fenômenos então passados a ser considerados no campo do natural.

De maneira mais geral, a perspectiva clínica evoluiu tanto a partir das concepções diferenciadas de *ajuda,* definida conforme se trate de trabalho social, de profissões paramédicas, de religiosos e de psicólogos, quanto a partir do momento em que outras disciplinas nas ciências humanas, a sociologia, a antropologia, a psicossociologia, nela se fundamentaram com preocupações e contextos diferentes, bem como com o trabalho analítico, que coloca o sujeito em posição de palavra, dirigindo-se a um/a analista que não se permite qualquer ação a seu respeito e que recusa, para si mesmo, toda posição de dominação, destacando-se completamente do típico: "diagnóstico, prognóstico, prescrição" da medicina, evidenciando a análise das relações transferenciais e contratransferenciais no centro do processo, e estabelecendo a clínica como "uma conduta e uma ética da verdade".

A psicanálise, considerando sua epistemologia e seu método, possibilita operar com elementos inconscientes também no campo da pesquisa e no campo do ensino e da aprendizagem, permitindo construir um conhecimento que considere os elementos inconscientes que o atravessam. Como traduzir em um método os elementos que escapam à consciência? É a *démarche* clínica que permite considerar que o imaginário, a intuição, o trabalho inconsciente, a atividade de posicionamento e elaboração de sentidos estão presentes nas pesquisas acadêmicas e nos processos de ensino e aprendizagem. Para Françoise Hatchuel (2005, p. 13), a elucidação da relação do/a pesquisador/a com o seu objeto de pesquisa é considerada como um instrumento essencial de conhecimento, pois parte do princípio que a triangulação entre o inconsciente, o material recolhido e a teoria é que permite compreender os elementos a que se visa em uma situação dada.

De saída, podemos afirmar que um dos objetivos da pesquisa com o método clínico é construir um saber que permita aos/às pesquisadores/as trabalhar seu objeto de pesquisa e elucidar o que "se arrisca" na relação entre pesquisadores/as e objeto de pesquisa, o que só é possível a partir de indícios. Carlo Ginsburg (1989) escreveu sobre o paradigma indiciário ou semiótico sob o qual podem ser situados os trabalhos de investigação de Sherlock Holmes, Peirce, Dupin e Freud. O modelo epistemológico que emergiu "silenciosamente" no âmbito das ciências humanas, no final do século XIX, destaca que a psicanálise seria subsidiária deste paradigma, uma vez que se norteia, na elaboração de suas hipóteses, em detalhes triviais considerados insignificantes, mas que resultam ser indícios reveladores de uma realidade, no caso, psíquica, não abordável de outra maneira.[3]

Levando em consideração as contribuições do paradigma indiciário, os elementos que compõem a chamada pesquisa que utiliza o método clínico situam-se na relação do/a pesquisador/a com o objeto de pesquisa e no deslocamento dos eixos da pesquisa dos produtos para os dispositivos de sua produção reconhecendo que o produto da pesquisa contém em si uma parte de desconhecimento: todo e qualquer dispositivo de pesquisa só poderá funcionar com as "zonas cegas" (o/a pesquisador/a irá lidar com elementos nem sempre nomeáveis, de ordem inconsciente, considerando assim os obstáculos que se interpõem no decorrer da pesquisa).

A seguir tratarei do primeiro aspecto buscando apresentar a concepção de sujeito, bem como os conceitos de implicação e transferência/resistência como elementos fundamentais para elucidar a relação do/a pesquisador/a com o objeto de pesquisa, buscando conhecê-lo e avaliá-lo a partir de seus próprios limites: perguntar é situar-se entre o que se sabe e o que não se sabe. Nesse movimento de instaurar perguntas, em vez de tentar responder a todas elas, o/a pesquisador/a nutre o seu desejo de saber.

A concepção de sujeito requerida pelo método clínico

A discussão sobre o sujeito aqui adquire uma nuance importante, pois, para o método clínico, o sujeito não se confunde com o indivíduo. O ponto de partida da teoria do sujeito em psicanálise, que podemos nomear como o "sujeito do inconsciente", é, sem dúvida, freudiano:

---

[3] Esse paradigma afirma que "quando as causas não são reproduzíveis, só resta inferi-las a partir dos efeitos" (GINZBURG, 1989, p. 147). O paradigma indiciário apresenta como características os seguintes pressupostos: conjecturalidade do conhecimento – negação da transparência da realidade; busca da singularidade inimitável (e não de uma unidade generalizável); reconhecimento da incerteza (nó epistemológico) e de outras formas de saber não legitimadas e a instauração de uma outra dimensão para o rigor científico que passa a ser um "rigor flexível".

"Que o ser do sujeito seja partido ao meio, Freud não fez senão repeti-lo sob todas as formas" (MILLER, 1984, p. 49-57). Freud, ao introduzir o conceito de inconsciente, descentra o sujeito e subverte a concepção de subjetividade dominante nos séculos XVII e XVIII, que encontra na psicologia clássica, proposta pela filosofia cartesiana, sua principal referência teórica.

De acordo com Lacan (1985), a psicanálise inova ao apresentar um sujeito dividido: ao produzir o conceito de inconsciente, opera uma inversão no saber existente, a de que a subjetividade está posta apenas no plano da razão. Como consequência, ocorre a divisão da subjetividade, que, a partir de então, não pode ser mais entendida como una, mas bipartida em sistemas: o inconsciente e o consciente. A razão é considerada apenas como um efeito de superfície em relação à luta interna que domina esses sistemas. E a consciência passa a ser vista não mais como lugar da verdade, porém, do ocultamento, da ilusão, da distorção.

Essa divisão vai produzir uma ruptura entre o dizer e o ser: advém dessa concepção a inversão da máxima cartesiana proposta por Lacan: "Penso onde não sou, sou onde não me penso". Isso muda a perspectiva cartesiana no que diz respeito à transparência do discurso e à unidade do ser que o sustenta.

A psicanálise divide o sujeito em sujeito do enunciado, como aquele do discurso consciente que pode dizer "eu penso", "eu sou", porém figura aí apenas como representação de si mesmo e de sua verdade, e o sujeito da enunciação que é o sujeito do inconsciente, o sujeito na vertente de seu desejo, que é oculto de si mesmo pela dimensão da linguagem. O sujeito é concebido como estando implicado nas estruturas da linguagem, o que comporta dois aspectos: "Tanto é pelo fato que a linguagem preexiste à entrada que o sujeito faz nela quanto o sujeito, para falar, tem de 'pedir emprestado à linguagem' seu suporte material, a letra" (LACAN, 1998, p. 225).

Enfim, na relação analítica, o sujeito é o que está em jogo enquanto relação de palavra, onde a verdade fala à revelia daquele que se pensa autor de seus propósitos. Uma análise se apoia na associação livre, isto é, no convite a um trabalho de suspensão das determinações significantes e das satisfações pulsionais, dirigindo seus esforços no sentido de o sujeito verificar a possibilidade de poder ser diferente daquilo que se apresenta como sendo da ordem da necessidade, caminhando em torno de seu desejo. Esse trabalho analítico, que só pode ser empreendido a partir da implicação do sujeito, envolve um movimento que Freud nomeou como *recordar, repetir* e *elaborar*. Somente assim, como sujeito colocado em trabalho, e não como objeto de um saber, é que ele poderá fazer emergir sua singularidade.

A pesquisa acadêmica que se dispõe a utilizar o método clínico não despreza a análise da relação entre o/a pesquisador/a e seu objeto, entendendo que o desafio científico da pesquisa clínica é o trabalho que consente com a exposição e a interrogação do/a pesquisador/a na produção de um conhecimento.

O método clínico busca construir uma ciência do singular, fazendo incidir o sujeito da enunciação no campo científico, que tenta excluí-lo. Ao mesmo tempo em que a ciência exclui o sujeito, para Jefferson Machado Pinto (1999), a psicanálise, como campo de saber, enfatiza sua dimensão científica, a partir de dois argumentos de Lacan. Em primeiro lugar, o argumento que afirma que a psicanálise está internamente condicionada pelo discurso da ciência, e que, por isso mesmo (e aqui está o segundo argumento), opera sobre um sujeito instituído pela ciência moderna. Tal sujeito estrutura a experiência analítica e confere a ela sua cientificidade.

Luciano Elia (2000), ao comentar os *Escritos técnicos de Freud*, lembra suas recomendações acerca da psicanálise:

> Em sua estrutura metodológica, a clínica não é o lugar de aplicação de saber, mas de sua produção, o que significa que, havendo produção de saber, há necessariamente condições para a prática clínica, uma vez que o saber produzido, não tendo caráter especulativo, foi gerado a partir de uma experiência na qual o sujeito está necessariamente implicado (ELIA, 2000, p. 32).

Com o intuito de explicitar as formas pelas quais o objeto de pesquisa e o/a pesquisador/a interagem, as pesquisas que utilizam o método clínico buscam conhecer os fenômenos subjetivos que perpassam o processo de pesquisa, cuja identificação é tida como fundamental para o/a pesquisador/a aceder à objetividade. Não que todos esses elementos precisem ser explicitados no momento de socialização para a comunidade acadêmica, mas o fato de o/a pesquisador/a ter acesso aos elementos que lhe causam angústia em relação ao seu tema de investigação, bem como o que causa interesse em pesquisar determinado tema, faz diferença na condução e na direção de uma possível descoberta.

Nesse ponto, um trabalho em torno da linguagem, na linguagem e com a linguagem é de suma importância. O método clínico é capaz de permitir o acesso ainda que parcial ao sujeito do inconsciente. Para tal, destaco dois conceitos fundamentais no método clínico. O de implicação, que será tratado a seguir, e o de transferência/resistência, que será tratado adiante.

A relação do/a pesquisador/a com o objeto de pesquisa: a implicação

A relação pesquisador/a-objeto é nomeada como implicação. No dizer de Eloísa Santos (1991), a partir de um conjunto de estudos que investigam a pesquisa clínica, a noção de implicação é um termo "polissêmico por excelência", mas é possível identificar uma referência constante a Freud e a Lacan nos diversos temas desenvolvidos por eles. Os estudos de Devereux (1980) propõem uma reflexão sobre a transferência e a contratransferência a partir de sua experiência na etnologia, assim como no movimento crítico que esta sofreu nos anos 1950 – onde a posição de soberania do observador foi severamente criticada –, permitindo-lhe tomar os elementos que irão demonstrar a interação entre o observado e o observador. Devereux (1980) procura na psicanálise sua epistemologia e seu método de investigação do homem sobre ele mesmo como possibilidade de análise da implicação do/a pesquisador/a com seu objeto de estudo. Como ponto de partida, ele toma emprestado a Freud o conceito de transferência e o de contratransferência, entendendo esta como "a soma total das deformações que afetam a percepção e as reações do analista a respeito de seu paciente". A partir do conceito de contratransferência, Devereux (1980, p. 187) vai demonstrar que "há uma reciprocidade entre o observador e o observado, o que faz com que o observado seja também observador do observador que não está mais ao abrigo no seu posto de observador".

Para Eloísa H. Santos (1991, p. 18), a análise da interação entre o observado e o observador, em que cada um dos dois é, ao mesmo tempo, observador para consigo mesmo e sujeito para o outro, é fundamental para evitar erros estéreis no processo de conhecimento. A análise da contratransferência permitirá cercar e trabalhar as deformações nascidas do fato de que o/a pesquisador/a está emocionalmente implicado com seu objeto de estudo, com o qual ele/ela se identifica. Segundo Devereux (*apud* SANTOS, 1991, p. 18), para se proteger contra a angústia que a identificação com seu objeto de estudo provoca, o/a pesquisador/a deforma as informações provenientes dele por "omissão, colocação em surdina, não exploração, mal-entendidos, descrição ambígua, sobre-exploração ou remanejamento de certas partes". Para a pesquisadora, a subjetividade deve ser trabalhada e, de certa maneira, tratada não como um obstáculo à compreensão, mas como um fenômeno presente no processo de conhecimento.

Outro conjunto de estudos se refere à tomada em conta da singularidade do sujeito. Eloísa H. Santos (1991, p. 23) se refere a Bourguignon (1986), que afirma que o essencial da pesquisa clínica é definido pelo fato de que ela se interessa "pela singularidade e pela totalidade de um sujeito, tomando simultaneamente em conta seu funcionamento psíquico, seu modo relacional, a história de vida, os acontecimentos exteriores". O valor científico da pesquisa clínica se expressa no rigor do/a pesquisador/a que não exclui os obstáculos e as incertezas que aparecem no seu processo de produção de conhecimento.

Já outro conjunto de estudos coloca em primeiro lugar a pesquisa de si: o sujeito, no processo de pesquisa, está sempre em busca de si mesmo, e seu objeto é um espelho. O objeto de pesquisa é o sujeito investigando a si mesmo. A noção de contratransferência é aqui confirmada: "O inconsciente do pesquisador, manifesto sob esta forma chamada contratransferência, vai produzir um ponto cego, ou catarata, na pesquisa, alimentando-a e conduzindo-a em direção a uma descoberta possível" (ASSOULY-PIQUET, 1986).

O último conjunto de estudos é constituído pelos trabalhos cuja opção pelo tema da pesquisa clínica ou não está clara ou constitui uma tentativa de demarcar ou de estabelecer as relações com a implicação. Nesses estudos (AVRON, 1986; SAMALIN-AMBOISE, 1986; KOHN, 1986), a implicação pode ser entendida como equivalente aos conceitos de contratransferência, ou ser compreendida como um modo de reflexão subjetiva, estando na origem de um processo de produção de conhecimento ou, mesmo, ser entendida como equivalente à própria pesquisa clínica.

Além da referência à obra de Devereux e aos autores-pesquisadores do Laboratório de Psicologia Clínica da Universidade de Paris VII, ao trabalhar o conceito de implicação, tomamos como referência a obra de René Lourau (1988), destacando nele uma dupla característica: suporte para analisar a implicação do pesquisador e instrumento de pesquisa citando o diário como dispositivo que visa explicitar a relação entre o texto, o extratexto (diário mais ou menos íntimo) e o paratexto (prefácio, notas, censuras).[4]

Sendo singular, todo diário é também "a singularidade da relação e da análise da relação do pesquisador com seu objeto de pesquisa". Santos (1991, p. 31) afirma que, para Lourau, o diário permite colocar em dia o trabalho de criação com suas angústias, suas contradições, suas ambivalências, suas incertezas, seus prazeres e desprazeres, suas idas e vindas, suas inquietudes, seu desalento, seu tédio, seu entusiasmo, suas interrogações. O diário deixa aparecer as condições reais da coleta de dados e por esse intermédio ele assegura um espaço ao leitor, a outros pesquisadores potenciais. A passagem do extratexto ao texto, a elaboração teórica, opera escolhas que podem não ser as de seus leitores. Ele permite ao leitor passar atrás do cenário, passar para os bastidores e, assim, julgar com ou apesar do autor.

Diniz (2005) estabelece uma relação entre as formas pelas quais essa noção é apropriada, de um lado, por Devereux, que faz dialogar diferentes áreas do conhecimento com a psicanálise, e, de outro, por Lourau, no campo da análise institucional e assim define "implicação":

> [...] ato ou efeito de implicar(-se); implicância; o que fica implicado ou subentendido; [...] relação entre duas ou mais coisas ou ideias, pela qual uma não poderá ser dada ou afirmada sem que estejam dadas ou afirmadas as outras; relação de antecedência e consequência entre fatos ou proposições (FERREIRA, 1995, p. 746).

Para a pesquisadora, a explicitação de alguns elementos subjetivos e como eles atravessaram o processo de investigação devem ser analisados procurando cercar os fenômenos inconscientes – desejos, sintomas, identificações inconscientes – em relação a si próprio enquanto pesquisador/a, e, posteriormente, em relação aos sujeitos investigados, dando lugar aos fenômenos projetivos, identificatórios, transferenciais que se interpõem ao longo da pesquisa.

Trabalhar com uma metodologia de pesquisa clínica, portanto, pressupõe a implicação do/a pesquisador/a, bem como do/a orientador/a na

---

[4] LOURAU *apud* SANTOS (1991, p. 30), refere-se aos diários de Malinowski, Ferenczi, Wittiguenstein, Gide, Leiris, Mead, Condominas, Morin, Favret-Saada, Bernoux, Motte, Goux e muitos outros autores, analisando-os do ponto de vista da relação entre o texto, o extratexto (*hors-texte*) – diário mais ou menos íntimo) – e o paratexto (prefácio, notas, censuras).

investigação do referido objeto. De acordo com Mosconi (1994, p. 5): "se eu me interrogo sobre o que me leva a aprofundar-me em minhas pesquisas desde que eu [...] as iniciei, eu diria que é, antes de tudo, o desejo de compreender o que aconteceu comigo".

O trabalho empírico e teórico apresentado, nomeado como produto (dissertação ou tese), é concebido como uma das dimensões de elaboração do saber do inconsciente, embora de saída consintamos que este saber é da ordem de um enigma e de um semidizer, portanto nunca poderá ser totalmente explicitado. Eis um primeiro paradoxo do conhecimento científico que pretende dominar o real, tornar-se total e universal.

A pesquisa que se utiliza do método clínico tem como eixos, até agora explicitados, uma concepção de sujeito dividido, além da noção de implicação; faz-se necessário que entre em cena o conceito de transferência/resistência.

A transferência/resistência

A transferência é necessariamente ocasionada no tratamento psicanalítico, mas podemos assinalar que esse fenômeno também está presente em outras situações que envolvem a relação entre sujeitos, pois a transferência não se dirige à pessoa, mas ao "lugar" que ela ocupa ou ao que ela representa no discurso. O conceito de transferência foi utilizado por Freud em seu artigo "A interpretação dos sonhos", escrito em 1900, para explicar como os desejos inconscientes se apoderam de lembranças do dia anterior (restos diurnos), para revesti-las de novo sentido. Assim, os desejos inconscientes podem se exprimir mantendo-se mascarados.

Para Miller (1978, p. 51), a transferência é a atualização da realidade do inconsciente. Na análise, a transferência tem seu valor porque permite ver o funcionamento de um mecanismo inconsciente na própria atualidade da sessão. Mas o que deve ser destacado aqui é que a transferência na análise, ao mesmo tempo em que promove uma abertura do inconsciente, promove também seu fechamento. A transferência surge como a resistência mais poderosa ao tratamento. O conceito de resistência está presente desde o início da obra de Freud (1895) e diz respeito às forças que impedem o acesso ao inconsciente, efeito do recalcamento. Na clínica é possível verificar facilmente a resistência. O sujeito quer se analisar, mas não quer: ele sofre, mas não quer sair disto; ele sabe que deve falar tudo, mas não fala; ele sabe de seus horários de sessão, mas não vai; ele acha que se falar de algumas coisas, o analista não vai mais gostar dele, aí o sujeito mente, engana...

Assim, a transferência no tratamento analítico, invariavelmente, nos aparece, desde o início, como a arma mais forte da resistência, e podemos concluir que a intensidade e a persistência da transferência constituem efeito e expressão da resistência. Ocupamo-nos do mecanismo da transferência quando o remontamos ao estado de prontidão da libido, que conservou imagos infantis, mas o papel que a transferência desempenha no tratamento só pode ser explicado se levarmos em consideração suas relações com a resistência.

Em *Além do princípio do prazer*, texto de 1920, Freud afirma que a resistência provém do eu porque a liberação do recalcado provoca desprazer. Aqui começa a figurar a repetição, que em uma de suas vertentes pode ocorrer como defesa, provocando o fechamento das manifestações inconscientes; na outra vertente, a repetição pode promover a abertura, quando possibilita a elaboração de antigas vivências a partir da relação com o outro.

Para Lacan (1985), existe abertura à transferência pelo fato de "que o paciente se coloca em posição de se entregar à livre associação. Coloca-se na posição de buscar a verdade sobre si mesmo, sobre sua identidade, sobre seu verdadeiro desejo". Onde busca a verdade? Busca-a, diz Lacan, no limite de sua palavra, e o limite de sua palavra está no analista enquanto grande Outro, ouvinte fundamental que decide a significação. É por isso que o silêncio do analista é fundamental, não devendo ele satisfazer a demanda do/a paciente: "Quem sou eu? Qual é o meu desejo?".

Essas características da transferência não devem ser atribuídas à psicanálise, mas sim à própria neurose. O tratamento psicanalítico procura rastrear a libido que se encontra longe da realidade e é inconsciente, tornando-a sensível à consciência, enfim, útil à realidade. Quando as investigações em análise tocam esse ponto da libido, está fadado a irromper um combate: todas as forças que fizeram a libido regredir erguer-se-ão como resistências ao trabalho de análise, a fim de conservar o novo estado de coisas. A repressão que se estabeleceu no sujeito, das pulsões inconscientes e de suas produções, deve ser removida liberando a libido. A resistência acompanha o tratamento passo a passo. Cada associação isolada, cada ato da pessoa em tratamento tem de levar em conta a resistência e representa uma conciliação entre as forças que estão lutando no sentido do restabelecimento e as que se lhe opõem. Se acompanharmos agora a trajetória de um sintoma até sua raiz no inconsciente, logo perceberemos que a resistência se faz sentir tão claramente que a associação seguinte tem de levá-la em conta e aparecer como uma conciliação entre suas exigências e as do trabalho de investigação.

Sabemos que é no momento em que o sujeito se surpreende barrado, no momento em que se vê atrelado a um sintoma que, embora habitando nele, é-lhe estranho, no momento que seu sofrimento lhe causa angústia, é nesse momento que ele se vê na contingência de saber disso. Mas o que a psicanálise irá afirmar é que não há saber anterior que fale àquele sujeito sobre sua verdade. Também o/a analista entra nesse jogo com seu desejo e o que ele/a tem a oferecer são suas palavras. O/a analista também tem em seu discurso essa dimensão de saber e de não saber. É esse mecanismo que constitui a ética da psicanálise: o sujeito entra no dispositivo analítico desejando regras para sua ação e obtém a ética de seu desejo. Começa a análise ignorando seu saber, supondo que o/a analista tenha o saber sobre ele/ela, e obtém um saber de sua ignorância.

E como operar com a transferência/resistência em relação à construção de um conhecimento científico? Márcia Neder Bacha (2002, p. 63) afirma, a partir dos pressupostos de Bachelard, que: "[...] isso que resiste ao trabalho do pensamento é também o seu motor. O obstáculo que bloqueia seu conhecimento pode ser também a sua condição, caso seja submetido a uma análise ou, em termos bachelardianos, a uma retificação".

Na pesquisa que considera os obstáculos que se interpõem à construção do conhecimento para além dos objetivos (sociais, econômicos e outros), muitos fantasmas inconscientes assolam essa condução. O desafio é fazer do obstáculo um aliado, que "naturalmente" se impõe na concretização de uma pesquisa.

O conhecimento que se constrói levando em conta o inconsciente não é só um conhecimento *do eu sobre* o inconsciente; ele é também um conhecimento que se adquire *por meio do* inconsciente, a partir da incidência de fantasias, identificações, resistências. Um conhecimento que se adquire por meio do inconsciente é também um conhecimento que tem que enfrentar as resistências que necessariamente vão aparecer ao longo do caminho, como dizia Guimarães Rosa (1976, p. 67): "o real não está na saída nem na chegada: ele se dispõe para a gente é no meio da travessia".

Considerações finais: tecendo a relação com o saber

Ao/À pesquisador/a cabe buscar articular o conceito de sujeito dividido, a noção de implicação e o conceito de transferência/resistência, entendendo que esses conceitos interagem quando se pretende configurar a posição do sujeito-pesquisador/a na relação com o seu objeto. Além disso, deve considerar que suas motivações são complexas e conflituosas, conscientes e inconscientes, e interferem no seu interesse e no seu dinamismo em torno da pesquisa, levando-nos à noção de relação com o saber.

Ao tomar o saber em sua dupla dimensão consciente-inconsciente e considerar o sujeito dividido por essa dupla dimensão, podemos entender essa noção *como um operador* que facilita analisar a tensão existente entre conhecer e saber, tanto no campo da pesquisa como no campo do ensino e da aprendizagem. Se o conhecimento é o que se mostra disponível na cultura, a partir de sistematizações de pesquisas e estudos legitimados pela academia, o saber comporta uma dimensão consciente que se nomeia a partir da apropriação de um sujeito desse conhecimento disponível, mas também uma dimensão inconsciente que pulsa e sustenta a apropriação, e que, entretanto, nem sempre é passível de nomeação. Essa dimensão de não saber move o sujeito, a causa, sem que necessariamente o sujeito possa se apropriar dela.

Assim, é possível afirmar que o saber sobre as origens está sempre mais ou menos na origem do saber. E é à medida que o par parental possibilita à criança fazer hipóteses sobre o que ele próprio não sabe, que coloca para a criança a tentativa de construir um saber que faça borda a esse furo que é de estrutura, tentando significar essa falta estrutural, essa questão leva a criança a problematizar sua própria existência. Como sujeito, ela é diretamente confrontada com o enigma, num momento em que, começando a falar na primeira pessoa, a criança ainda não tem recurso. Portanto, é nesse momento da entrada na linguagem, em que a criança é confrontada com a questão crucial sobre sua origem, ou "de onde vêm os bebês?", que surge também uma insaciável sede de saber. Essa sede de saber é ressaltada pelo adulto quando este produz uma resposta de tipo científico, na qual ele próprio não está implicado. Se, ao contrário, ele tenta se implicar, surge seu próprio embaraço diante da impossibilidade de dar conta de seu ser sexuado.

Nenhuma explicação responderá à criança sobre o desejo particular que precedeu sua vinda ao mundo, produzindo-se aí uma falta em lugar de uma resposta que ofereceria ao sujeito o acesso ao saber sobre sua origem.

Portanto, as teorias que tentam responder ao enigma da origem esbarram num limite, na impossibilidade de se produzir um saber total, pois não é possível responder de maneira satisfatória a todas as perguntas que surgem. As respostas para as dúvidas existenciais são sempre parciais, "não todas"; há sempre um ponto onde o sujeito não encontra respostas, o que o impulsiona à pesquisa. O sujeito é marcado pela finitude e pela incompletude, marcado por uma falta constitutiva, que é também constitutiva do desejo.

É a falta que impulsiona o sujeito a buscar, no social e no cultural, respostas para o que não tem como ser respondido. A psicanálise afirma que não é possível preencher a falta com o saber. Sempre haverá um resto como impossível de ser alcançado. Esse resto move o sujeito, numa busca interminável. Nessa perspectiva, o saber tem uma relação com o desejo, com o "não todo", com a falta, não sendo possível identificá-lo com a verdade. O saber nunca recobre a verdade.

Assim, a partir da psicanálise, só podemos ter acesso ao real por meio de ficções, já que a linguagem tenta dizer o real, mas não o apreende de forma absoluta. Não temos como saber da verdade absoluta, como uma verdade pura, por trás da ficção. Ou seja, a verdade se inscreve a partir do que dizemos. Não há um saber verdadeiro que dê conta da verdade toda. Saber e verdade se tecem continuamente, e são sempre parciais. Então, para Lacan, o que se denomina saber é uma posição em relação à ignorância. Ele afirma que é a paixão pela ignorância que deve guiar nossa relação com o saber. Paixão pela ignorância não quer dizer paixão por nada saber, mas estar mobilizado pelo que não se sabe.

Entendo que utilizar a noção de relação com o saber como *operador* que permite transitar nessa tensão conhecer-saber é muito importante para o campo científico, pois teremos que considerar a parcialidade das respostas encontradas, bem como o saber de que algo sempre escapa à nossa compreensão, consentindo assim que a dimensão simbólica não recobre o real, mas é a via possível, ainda que insuficiente para tratá-lo.

Referências

ASSOULY-PIQUET, C. Le retounement du sujet et de l'objet. *Bulletin de Psychologie*, n. 377, tome XXXIX, sept./oct. 1986.

AVRON, O. Engagement clinique et théorique dans la recherché. *Bulletin de Psychologie*, n. 377, tome XXXIX, sept./oct. 1986.

BACHA, M. N. *A arte de formar: o feminino, o infantil e o epistemológico.* Petrópolis: Artes Médicas, 2002.

BOURDIEU, P. *Os usos da ciência: por uma sociologia clínica do campo científico.* São Paulo: UNESP, 1997.

BOURGUIGNON, O. Recherche clinique et contraintes de la recherche. *Bulletin de Psychologie,* n. 377, tome XXXIX, sept./oct. 1986.

CASSORLA, R. M. S. *Tratado de metodologia clínico-quantitativa.* Petrópolis: Vozes, 2003.

DEVEREUX, G. *De l'angoisse à la méthode.* Paris: Flammarion, 1980.

DINIZ, M. *O método clínico na investigação da relação com o saber para quem ensina: a tensão entre conhecer e saber.* Belo Horizonte: UFMG, 2005. Tese (Doutorado em Educação) – Programa de Pós-Graduação em Educação, Faculdade de Educação, Universidade Federal de Minas Gerais, Belo Horizonte, 2005.

ELIA, L. Psicanálise: clínica e pesquisa. In: ALBERTI, S.; ELIA, L. *Clínica e pesquisa em psicanálise.* Rio de Janeiro: Rios Ambiciosos, 2000.

FERREIRA, A. B. H. *Novo Dicionário da Língua Portuguesa.* Rio de Janeiro: Nova Fronteira, 1995.

FREUD, S. *Interpretação dos sonhos.* Rio de Janeiro: Imago, 1976. v. IV. (Obras Completas).

FREUD, S. (1856-1939) *Além do princípio do prazer.* Livro XVIIII. Rio de Janeiro: Imago, 1976). (Obras Completas).

GINZBURG, C. *Mitos, emblemas, sinais: morfologia e história.* São Paulo: Companhia das Letras, 1989.

HATCHUEL, Françoise. *Savoir, apprendre, transmettre: une approche psychanalytique du rapport au savoir.* Paris: La Découverte, 2005.

KOHN, R. C. La recherche par les praticiens: l'implication comme mode de production de connaissances. *Bulletin de Psychologie,* n. 377, tome XXXIX, sept./oct. 1986.

LACAN, J. *Seminário 2: O eu na teoria de Freud e na técnica da psicanálise.* Rio de Janeiro: Zahar, 1985.

LACAN, J. Posición del inconsciente. In: _____. *Escritos.* México: Siglo Ventiuno, 1998.

LEVY, André. *Ciências clínicas e organizações sociais.* Belo Horizonte: Autêntica/FUMEC, 2001.

LOURAU, R. *Le journal de recherche: matériaux d'une théorie de l'implication.* Paris: Méridiens Klincksieck, 1988.

MACHADO PINTO, J. *Resistência do texto: o método psicanalítico entre a literalização e a contingência.* 1999. (Mimeo).

MILLER, J.-A. *Percurso de Lacan: uma introdução.* Rio de Janeiro: Zahar, 1978.

MILLER, J.-A. (Dir.). D'un autre Lacan. *Ornicar?,* Paris, n. 28, jan./mar., 1984.

MOSCONI, N. *Femmes et savoir. La société, l'école et la division sexuelle des savoirs.* Paris: L'Harmattan, 1994.

ROSA, J. G. *Tutaméia*. Rio de Janeiro: J. Olympio, 1976.

SAMALIN-AMBOISE, C. La prise de distance ou l'autre scène de l'implication. *Bulletin de Psychologie*, n. 377, tome XXXIX, sept./oct. 1986.

SANTOS, E. H. *Le savoir en travail: l'expérience de développement technologique par les travailleurs d'une industrie brésilienne*. Paris: Université de Paris, 1991. Tese (Doutorado em 1991) – Départament des Sciencies de l'Éducation, Université de Paris VIII, Saint-Denis, 1991.

TURATO, E. R. *Tratado da metodologia da pesquisa clínico-qualitativa: construção teórico--epistemológica, discussão comparada e aplicação nas áreas da saúde e humanas*. Petrópolis: Vozes, 2003.

Pesquisa em psicanálise: a conversação e a entrevista clínica como ofertas de palavra – a aposta na invenção subjetiva[1]

Tânia Ferreira

Para introduzir a discussão sobre a pesquisa em psicanálise, vou valer-me de uma metáfora utilizada por Freud.[2]

Ele fala de alguém que chega a uma região pouco conhecida, mas que desperta seu interesse pela extensa área de ruínas com restos de paredes, fragmentos de colunas e lápides com inscrições meio apagadas, ilegíveis. Ele pode contentar-se em inspecionar o que está visível, interrogar a população circundante sobre o que a tradição lhes deixou da história e do significado desses resíduos arqueológicos, registrando as informações, e seguir seu caminho, considerando finalizada a tarefa.

Mas pode também agir de outro modo. Pode ter trazido consigo instrumentos de trabalho, decidir que os "nativos" daquela região o auxiliem no trabalho de investigação e, junto com eles, no campo das ruínas, praticar escavações e descobrir, partindo dos restos visíveis, o que está enterrado. Se seu trabalho for bem-sucedido, as descobertas se explicarão por si mesmas: os restos de muros demonstrarão pertencer às muralhas de um palácio; pelos fragmentos de colunas poderá reconstruir-se um templo e as numerosas inscrições faladas, bilíngues no caso mais afortunado, revelarão um alfabeto e uma língua, que, uma vez decifrados e traduzidos, fornecerão informações nem sonhadas sobre eventos mais

---

[1] Dedico este artigo a Célio Garcia, pelo que ele representa para nós, psicanalistas.

[2] Verificar: FREUD (1976 [1896], p. 218).

remotos, para cuja comemoração os monumentos foram erigidos. *Saxa loquuntur!* – *"as pedras falam"*.

Essa metáfora mostrou-se especial para abrir o caminho da discussão da *pesquisa bibliográfica, de recursos teóricos e da pesquisa de campo*, que tomamos como parte de um único processo.

"Inspecionar o que está visível", perguntar e ler quem "leu na fonte", buscar significações para o que encontrou "no campo" – como nos diz Freud (1976 [1896], p. 218) –, registrar informações e seguir seu caminho parece não se constituir num trabalho incomum entre pesquisadores. Nem sempre é fácil para um pesquisador "chegar a uma região desconhecida".

Freud nos chama para "agir de outro modo" e para a riqueza de uma pesquisa, se nos abrimos para "informações não sonhadas", partindo de perguntas e de pontos de não saber, contando para a "investigação", com o saber dos envolvidos na pesquisa, até aqueles do "entorno" do campo de pesquisa, tendo como ponto de partida os "restos visíveis". Mais ainda, trata-se, para ele, de deixar que os "achados de pesquisa" falem por si só, mas também nos coloquem no trabalho de "decifrar e traduzir" o que foi encontrado e isso, só se faz pela escuta atenta.

Assim vamos nos introduzindo na pesquisa em psicanálise. Neste primeiro momento, podemos extrair, desses pressupostos freudianos, várias consequências para o nosso fazer.

Como esse pesquisador de que fala Freud, bem à moda do arqueólogo, nos cabe trabalhar buscando não só os textos que tratam do objeto da pesquisa, os documentos oficiais e a produção acadêmica, os recursos teóricos, mas também o que dizem os próprios "pesquisados", supondo a eles um saber. Este é um ponto essencial de uma pesquisa que se fundamente no saber da psicanálise: não ir à campo com um saber já dado, mas supor um saber no sujeito que nos fala.

Acompanhamos vários autores que discutem a *pesquisa em psicanálise*, tais como Figueiredo (2001), Santiago (2008, 2009), Santos (2009), trilhando um caminho, para inventar este.

Com a psicanálise, desde Freud, podemos dizer que a pesquisa é inerente, senão constitutiva, do fazer clínico. Contudo, a passagem da lógica psicanalítica, na sua articulação com outros saberes, para uma pesquisa de campo, não é tarefa fácil.

Santiago (2008, p. 114) nos diz que: "A pesquisa-intervenção pode definir-se como uma produção de saber a partir das formas de manifestação do parceiro-sintoma na contemporaneidade, em que se busca contemplar a dimensão da subjetividade para se ir além da mera constatação do problema".

A autora prossegue dizendo dos desafios da pesquisa-intervenção que consiste em produzir não só efeitos terapêuticos sobre o mal-estar dos sujeitos participantes da amostra, como também efeitos de transmissão e formação para os jovens pesquisadores. Além destes desafios, a autora enfatiza o conhecimento que se produz com base naquilo que os próprios participantes da amostra ensinam sobre seus próprios problemas: "Aprender com o outro é, pois, fundamental para que a intervenção nos espaços sociais não se configure uma imposição de saber" (SANTIAGO, 2008, p. 115).

Podemos dizer que é essencialmente desse ponto que a pesquisa, o ato vivo da pesquisa em psicanálise, extrai as consequências da clínica para seu campo. Não se trata apenas de oferecer a palavra, mas de supor saber naquele que fala na pesquisa, surpreender-se com o que produz sobre sua realidade, sua vida, suas experiências, operando, no mesmo movimento, uma possibilidade de que se aproprie do que diz e no ato mesmo da enunciação, se renove e se crie.

Nas elaborações que trazemos a seguir sobre os instrumentos utilizados em nossa pesquisa-intervenção[3] *As conversações e a entrevista clínica na pesquisa*, e mais especialmente, seu desenrolar e o que se operou com e a partir destes instrumentos, poderemos expandir o que aqui teve seu ponto inicial.

Discutiremos a seguir cada um destes instrumentos e o modo como operamos com ele, o princípio que os orienta, a intervenção na pesquisa, bem como o que se produziu nesse movimento.

A conversação como metodologia de pesquisa-intervenção: aposta na invenção subjetiva

Na estruturação e no desenvolvimento de uma pesquisa de campo, pode-se tomar a conversação como metodologia de pesquisa-intervenção. A Conversação foi proposta por Jacques-Alain Miller como uma estratégia de trabalho para o Centro Interdisciplinar sobre a Infância (CIEN),[4] que desenvolve trabalhos de aplicação da psicanálise a outros

---

[3] Trago elementos e pequenos recortes de minha pesquisa de Doutorado realizada na Faculdade de Educação (FaE) da UFMG, em 2011.

[4] MILLER (2003, p. 62-69).

campos do saber. Este centro,[5] ligado ao Instituto do Campo Freudiano de Paris, é uma instância internacional fundada por ocasião do IX Encontro Internacional do Campo Freudiano em Buenos Aires, em 1996.

Desde sua criação vários laboratórios de investigação têm sido criados em diversos lugares do mundo, especialmente na França, incluindo também o Brasil, nas cidades de Belo Horizonte, São Paulo, Rio de Janeiro e Curitiba. Assim, a proposta do CIEN é uma investigação conjunta com outras disciplinas para que se possa dar lugar ao desejo de saber sobre a realidade da criança e/ou adolescente.

> Quem está na origem do laboratório? Podem estar: seja um psicanalista que consentiu em sair de seu consultório para ir ao encontro de outras disciplinas [...] seja, ainda, um especialista de outra disciplina já orientado, por ter-se encontrado tanto com o espírito quanto com o estilo de trabalho do Campo Freudiano, a partir de sua própria análise ou de sua leitura dos textos de Freud e de Lacan (LACADÉE, 1999, p. 18).

A orientação teórica dessas equipes segue a trilha de Freud no que se refere a uma preocupação com a questão ética, fazendo uso do traço subjetivo particular de cada criança, contra certo tipo de discurso que veicula em demasia o ideal da norma tal como aparece no comportamento ou na linguagem.

A marca primeira que distingue os "espaços de palavra" de um grupo que visaria informar, capacitar, orientar, ou mesmo promover uma psicoterapia é que ele se orienta levando em conta a experiência particular de cada um, bem como estratégias construídas, segundo tais experiências, por aquele que fala na Conversação.

Se é comum no âmbito das políticas públicas sociais reunir pessoas segundo o critério do "traço comum" pressupondo que só poderiam superar seus conflitos aquelas que compartilham sua situação com o outro que vive "o mesmo", entende-se, noutra perspectiva, que esse tipo de abordagem define os sujeitos como "carentes de experiência" e os estigmatiza segundo o "traço" eleito por uma determinada política social mesmo que com as melhores intenções, tais como "meninos de rua", "crianças em situação de vulnerabilidade social", "adolescentes infratores", "toxicômanos", "crianças com necessidades especiais", etc.

---

[5] Desde sua criação e durante muitos anos, o CIEN foi coordenado por Judith Miller.

Diferente disso, podemos dizer que não se trata de reunir em torno do ponto de sofrimento do sujeito, mas da saída particular que o sujeito inventou para lidar com este sofrimento, tentando localizar, como o sujeito se arranja com o ponto de mal-estar que o acomete, uma saída do real, um modo de fazer contorno à sua volta.

Os profissionais que conduzem as conversações não necessitam ser psicanalistas; podem ser de qualquer profissão, porém, é necessário que seja alguém atravessado pela "experiência de palavra", que seja alguém que tenha experimentado e seja sensível à discordância entre o que se diz – o enunciado – e o que se "quer" dizer (ou diz sem querer) – a enunciação. Não basta que seja alguém "bem informado" ou "benevolente" que "dá a palavra", mas que suporte os pontos de não saber, de suspensão ou falha no discurso daqueles que vêm à conversação.

O operador, por outro lado, deve poder reconhecer que há "um nível de enigma" que é preciso manter. "Com o que diz o que quer dizer?" Trata-se de saber escutar de maneira contingente a ficção que o sujeito construiu para dar conta do real.

Uma conversação não é qualquer fala, nem qualquer um pode conduzir uma conversação que produza o efeito de que algo do gozo possa chegar a dizer-se.

Éric Laurent adverte que:

> [...] sob a forma de psicoterapias democráticas – conversações amistosas – ou de psicoterapias autoritárias – obrigando fazer passar pela palavra aqueles que têm tendência à ação (violência, droga), usa da causalidade psíquica em benefício de uma causalidade científica. O que separa as "conversações" que se conduzem pela ética da psicanálise, destas práticas, é que a proposta de usar o "dom da palavra" (termo utilizado por Lacan para dizer do uso da palavra no dispositivo analítico) considerando a causalidade psíquica se contrapõe à psicoterapia generalizada (LAURENT, 2007, p. 62).

Uma função das conversações é tentar, ainda segundo Laurent, "destravar as identificações", o que não implica propor uma "melhor" identificação, apenas se trata de que "cada sujeito possa escutar aquilo pelo qual está tomado" (LAURENT, 2007, p. 62).

Não é possível nas conversações se aferrar à ideia do "sentido comum da palavra", como nos orienta Laurent (2007), próprio aos grupos comuns, mas sim apostar naquilo que a palavra pode fazer ouvir mais além do sentido comum, no mal-entendido, "no que pode chegar ao limite do dizer, como discordância entre o que se diz e o que se quer dizer" – o que Lacan introduziu como "fora do sentido" – aparece no detalhe de cada um. Este fora do sentido comum introduz a ideia de um buraco no dizer, que é concebido como um "não há" fundamental.

> Neste lugar vazio se articula o que é Real para cada um, o que não pode recobrir-se com um sentido pleno, comum, compartilhado, porém que opera dando lugar a distintas respostas do sujeito que podem ser escutadas numa conversação (LAURENT, 2007, p. 64).

Escutar as ficções que o sujeito construiu sob a forma de mitos para dar conta do real é um dos pontos nodais desta experiência. Fazer com que cada sujeito possa perceber que na borda do sentido do que anuncia está o nível mais velado para ele de sua enunciação inconsciente. Sustentando-se na ética do bem-dizer, no encontro com a palavra a partir da falha, um sentido particular pode advir.

Contudo, diferentemente das psicoterapias em que o sujeito pode dizer tudo, sem perdas, sem resto, em que a oferta da palavra pode se constituir numa compulsão a falar, é preciso fazer um limite ao gozo do blá-blá-blá – diz Laurent (2007). Assim, o operador da experiência "é aquele que produz um corte neste ponto de limite do dizer e pode acompanhar o sujeito até a borda de que vislumbre algo do que sua palavra tenta articular do mais próprio e real nele, porém se detenha a tempo" (LAURENT, 2007, p. 65).

Segundo o autor, para que se coloque em evidência o motor do trabalho é que a relação de cada um com a causa inconsciente não pode ser colmatada por nenhum saber exterior ao sujeito. Trata-se fundamentalmente de "deixar-se surpreender pela invenção" (LAURENT, 2007, p. 65).

Parafraseando Lacadée (1999), o "espaço de conversação" revela-se "um instrumento de trabalho muito produtivo para combater o efeito de segregação" de que as crianças são vítimas. Exemplo disso são as crianças às voltas com a experiência de trabalho e a segregação provocada pela necessidade imperativa de silêncio de sua condição. A conversação como um lugar no qual o silêncio, filho do medo, pode dar lugar à palavra onde, certamente de "criança sintoma" do social, ela possa dizer de seu próprio sintoma ou das saídas inventivas a serem construídas.

Na conversação não se trata de "uma entrevista coletiva". O pesquisador se interessa pelo modo particular como cada sujeito entende a questão em jogo na investigação. Torna-se importante compreender a dinâmica que se estabelece entre os participantes, e é possível verificar como a posição subjetiva de um pode provocar reações nos outros, fazer surgir os debates e discussões que devem ser acolhidos, mesmo aqueles que, numa primeira visada, escapam ao tema proposto, em detrimento de uma escuta passiva de outras modalidades de grupos. A essência da conversação é a "produção de algo novo no saber" de cada um (LACADÉE, 1999, p. 19).

As experiências[6] das quais se depreenderam as elaborações iniciais sobre as Conversações foram realizadas em escolas, com crianças da educação infantil e do ensino fundamental, como também com adolescentes e jovens de ensino médio. O que de saída permite-nos escutar que a oferta de palavra pode se constituir num dispositivo para acolher pessoas de qualquer idade ou nível de escolarização e em qualquer instituição ou outra circunstância.

A partir da experiência de psicanalistas franceses e das leituras do material produzido pelo próprio CIEN em 1999-2000, que têm especialmente em Freud e Lacan as teorias que orientam os princípios fundamentais do trabalho nos laboratórios de pesquisa, Santiago (2008, p. 3) formaliza, de modo inédito, "a Conversação como uma metodologia de pesquisa-intervenção".

Assim, a referência à *Conversação como dispositivo de pesquisa-intervenção* está bem próxima de nós e tem sido experimentada com grupos de professores e alunos e por pesquisadores da Faculdade de Educação da Universidade Federal de Minas Gerais (FAE/UFMG), e pelos próprios mestrandos e doutorandos, através do Núcleo Interdisciplinar de Pesquisa em Psicanálise e Educação (NIPSE) da FAE/UFMG, vinculado ao Laboratório de Psicologia e Educação Helena Antipoff (Laped) e ao Centre Interdisciplinair sur l'Enfant (CIEN) da Fundação do Campo Freudiano.

As equipes do NIPSE são convocadas pelas escolas para conversarem *não sobre* as crianças, jovens e professores, *mas com* as crianças e/ou adolescentes e professores a partir de pontos de sofrimento, de mal-estar, para aquelas comunidades escolares.

Segundo a autora, através deste instrumento metodológico,

---

[6] Refiro-me ao trabalho do Núcleo Interdisciplinar de Psicanálise e Educação da UFMG, coordenado pela professora doutora Ana Lydia Santiago, do qual participei durante meu doutoramento.

> [...] a psicanálise pode pôr à prova sua contribuição à educação, objetivando verificar se é possível gerar uma nova resposta discursiva, capaz de reintroduzir a subjetividade, o gozo ou o mais íntimo da singularidade do sujeito resistente à simbolização (SANTIAGO, 2008, p. 11).

A conversação como pesquisa-intervenção está, de um lado, vinculada à prática da *psicanálise em extensão* e, de outro lado, à prática da *psicanálise em intenção*. Se a última está ligada à clínica, à experiência analítica do sujeito, a psicanálise em extensão refere-se à aplicação da psicanálise em qualquer circunstância na qual o sujeito ou os grupos estejam frente a "um impossível de suportar"- uma das formas como Lacan compreende o Real.

> No domínio da extensão o sintoma também está presente como ponto de partida, mas, nesse caso, apresenta-se referido ao Outro social – que pode ser a escola, a comunidade ou qualquer outro organismo responsável por garantir condições para o estabelecimento e a manutenção de laços simbólicos (SANTIAGO, 2008, p. 113).

Assim, no movimento vivo de sua realização, a Conversação se faz de instrumento de intervenção, pois

> [...] cultiva a arte de falar entre pares, promove o agir na direção de uma abertura para o mundo, para novas ideias, ou à invenção de algo que convenha a cada sujeito. Privilegia-se a enunciação que, coletivizada pelos participantes, se mostra capaz de produzir, de maneira inédita, um efeito de saber (SANTIAGO, 2008, p. 12).

Para Santiago (2008, p. 12), o grande desafio desse dispositivo é "tornar operatória uma prática inédita da palavra, que leve em conta a maneira como o discurso analítico de orientação lacaniana pode subverter o laço social".

Não se espera, na conversação, um consenso em relação a um assunto, e o objetivo não é produzir um enunciado coletivo, mas sim uma associação livre,[7] "coletivizada". Nessa perspectiva, os significantes

---

[7] No dizer de Freud, é deixando livre o curso das associações que o sujeito poderá estabelecer novas conexões e exprimir o que lhe vem à mente, sem nenhuma censura, mesmo que tais materiais lhe pareçam incoerentes ou sem interesse. Tais associações podem ser induzidas por uma palavra – significante – ou por um elemento do sonho ou por qualquer pensamento espontâneo. O método da "associação livre" foi constituído por Freud em 1892, para o tratamento psicanalítico.

dos outros dão novas ideias ao sujeito, propiciam lembranças de eventos esquecidos e, de acordo com Miller (2003, p. 15), "um significante chama outro significante, não sendo tão importante quem o produz num dado momento".

Na conversação, não há, por parte do pesquisador, um roteiro rígido com perguntas preestabelecidas. Há, sim, uma preocupação em "provocar a elaboração",[8] abrir o espaço de palavra, fazer falar, ajudar cada participante escutar o que se diz no dito, acolher a introdução de novas questões pertinentes ao tema de investigação.

Ao pesquisador, cabe coordenar o tempo das conversações e suportar pontos de não saber, além de dar lugar ao inesperado, aos pontos de surpresa, onde novos e outros saberes poderão ser produzidos. A própria conversação entre vários saberes, na maioria das vezes, encontra seu próprio funcionamento dinâmico.

A definição de conversação proposta por Jacques Alain Miller tornou-se norteadora da pesquisa-intervenção em psicanálise:

> Uma conversação é um modo de associação livre caso seja exitosa. A associação livre pode ser coletivizada na medida em que não somos donos dos significantes. Um significante chama a outro significante, não sendo tão importante quem o produz em um dado momento. Se confiarmos na cadeia significante, vários participam igualmente. Pelo menos é a ficção da conversação: produzir – não uma enunciação coletiva – mas uma "associação livre" coletivizada, da qual esperamos certo efeito de saber. Quando tudo corre bem, os significantes de outros me dão ideias, me ajudam, e, finalmente, às vezes resultam em algo novo, um ângulo novo, perspectivas inéditas (MILLER, 2003, p. 15-16).

É exatamente a "associação livre" que liga a psicanálise em extensão à psicanálise em intenção – a prática clínica. É também a associação livre que faz enlace entre a conversação e as entrevistas de orientação psicanalítica, como veremos posteriormente.

---

[8] A expressão "elaboração provocada" foi forjada por Pierre Théves a partir de um texto de Jacques Lacan e comentada por Jacques-Alain Miller como função de um membro de um cartel (dispositivo inventado por Lacan para diminuir os efeitos de grupo que, segundo ele, deixam fora o sujeito e seu discurso) – que visa, ao colocar em relevo o que está sendo dito, provocar uma elaboração.

Como método, a conversação tem como política a construção de um saber inédito, na medida em que faz circular o discurso, e como "espaço onde se pode falar", no dizer de Santiago (2008), produz uma dupla subversão:

Faz emergir a enunciação: não é um falar sobre, assim como não é uma conversa com, mas entre os próprios envolvidos, acerca do tema proposto e do mal-estar que lhes concerne;

Concerne ao saber: Não é solicitado aos participantes falarem sobre algo já conhecido, previamente determinado, assim como não há um roteiro a ser seguido, mas apenas um ponto de partida, que compreende situações-problema, ou seja, o sintoma em que se localiza o mal-estar, e que consistem em relatos da própria experiência ou de outras similares.

[...]. "A conversação promove um espaço para fazer surgir um saber inédito, transmitido pelo próprio sujeito" (SANTIAGO, 2008, p. 123-124)

Assim, a consideração do discurso do sujeito e de suas manifestações, a produção de saber em grupo e de cada uma em particular constituem-se em elementos fundamentais nesta metodologia.

Outro instrumento metodológico a que nos referimos que pode ser usado numa *pesquisa-intervenção* são as *entrevistas de orientação psicanalítica – Entrevista Clínica*. Torna-se importante, desse modo, trazer elementos para se pensar *a entrevista clínica* em pesquisa e suas possíveis particularidades em relação a este instrumento em outros campos teóricos, bem como os pontos de enlace e de diferenças entre este e as conversações.

Entrevista clínica em pesquisa

Sem perder de vista a orientação psicanalítica para uma entrevista clínica, mas também e ao mesmo tempo, sem confundir com ela a entrevista numa pesquisa, buscamos construir um caminho a trilhar com este instrumento na pesquisa-intervenção.

Castro (2008) nos diz que a "perspectiva clínica" pode ajudar no propósito de inserir o pesquisador junto a seu campo de problemas tal como vivido por seus participantes. A autora recorre à descrição de Sevigny (2001 *apud* CASTRO, 2008) sobre a abordagem clínica como aquela que permite colocar o pesquisador face aos problemas e questões de indivíduos, grupos ou comunidades que necessitam de solução.

> Significa que o pesquisador se debruce sobre os problemas e as questões (como se estivesse junto ao leito ou bem próximo

> daqueles cujas questões está convocado) para compreender o que
> aflige, o que vai mal e, consequentemente, o que pode melhorar
> (SEVIGNY, 2001 *apud* CASTRO, 2008, p. 34)

Torna-se necessário esclarecer, entretanto, por que a nomeamos de entrevista clínica e não somente entrevista no campo de nossa discussão sobre pesquisa. Tentaremos explicitar nossa compreensão a partir, primeiro, do que faz laço entre a entrevista clínica e a conversação: a associação livre.

O ponto de partida será dado pelo pesquisador, mas importa nesse dispositivo considerar também a regra fundamental da psicanálise: a associação livre. Assim, não raro, a questão norteadora da entrevista vem embrulhada numa riqueza enorme de temas e situações. A associação livre é, portanto, aqui também, o que faz o enlace entre a psicanálise em extensão – a aplicação da psicanálise – e a psicanálise em intenção – a prática clínica.

Essa modalidade de entrevista na pesquisa tem, com a clínica, alguns pontos de junção e de disjunção. A entrevista clínica na pesquisa comunga da mesma "falta de segurança preestabelecida da pesquisa-intervenção favorecedora de processos transformadores" (FERRARI, 2008, p. 90).

Se de um lado, assim ela se inscreve como instrumento da pesquisa-intervenção, de outro, ela mantém o mesmo compromisso de buscar transformar a realidade dos sujeitos na pesquisa, não apenas no momento do processo de entrevista, mas também na transmissão do que se operou com este instrumento e o que se pode concluir, no sentido de oferecer subsídios para envolvidos com o tema em pauta na pesquisa.

Ela visa, como uma entrevista na clínica, não somente constatar, mas oferecer a palavra para que aquele que fala possa, ele mesmo, ser tocado pelos efeitos de seu dizer, ora apropriando-se dele, ora afastando-se, tomando distância da palavra do outro, ora localizando-se e posicionando-se de um novo modo frente ao seu dizer, seja porque a fala é endereçada, seja pelos efeitos da intervenção.

Aqui também o que se destaca como intervenção tanto pode ser a palavra da pesquisadora quanto do próprio sujeito que fala na pesquisa e das palavras que ele evoca de outros, presentes ou não nas entrevistas.

A entrevista pode ser clínica no contexto da pesquisa quando e se ela se orienta não pelo saber do pesquisador, mas pela palavra do sujeito. Por outro lado, a entrevista clínica na pesquisa se separa da entrevista na clínica psicanalítica, porque ela não visa ao sintoma, tampouco à construção fantasmática do sujeito.

Ela busca, entretanto – aí ela tem com a segunda uma solidariedade de estrutura –, algo que concerne ao desejo do sujeito.

Oferecer a palavra para que o sujeito possa trazer (ou não) algum questionamento sobre seu lugar frente ao que diz é o que buscamos com esse instrumento.

Desse modo, a entrevista clínica na pesquisa é uma aposta na palavra do sujeito e em seu saber, e, principalmente, nos efeitos dessa palavra sobre ele mesmo, e do que disto se pode transmitir para contribuir na construção de novos saberes sobre o sujeito pesquisado.

Aprendendo com a experiência: conversações e entrevistas clínicas com crianças

É preciso assinalar que não nos eximimos de pensarmos nossa própria compreensão de *pesquisa-intervenção no campo da psicanálise* e, também, nossa contribuição à discussão e à prática de pesquisa-intervenção com crianças.[9] Trazemos aqui, a título de exemplo, algumas questões e elementos que pulsaram de uma das experiências com pesquisa-intervenção, para que o leitor acompanhe, na prática, aquilo que sublinhamos nesses dois instrumentos metodológicos de pesquisa.

Valemo-nos também de algumas questões discutidas por vários autores que se debruçam sobre a pesquisa em ciências humanas e especialmente aos que dão ênfase, como Marília Amorim em seu livro *O pesquisador e seu outro – Bakhtin nas ciências humanas*, entre outras, a uma discussão sobre "a possibilidade e a impossibilidade do diálogo e do encontro com o outro no contexto da pesquisa".

Amorim (2001) nos diz que, de um lado, seu trabalho

> [...] responde a toda uma corrente clássica em Ciências Humanas onde a palavra do outro é desprovida de seu caráter enunciativo, enquadrada e depurada a tal ponto que se torna comportamento e deixa de ser enunciação dirigida a alguém, o que era resposta vira ação e, se seguirmos as indicações de Benevistes, perde-se, nesse momento, a especificidade do que é humano (AMORIM, 2001, p. 17).

Para ela, o questionamento desse tipo de pesquisa não implica apenas uma dimensão ética, mas também epistemológica: "a palavra

---

[9] Trago aqui pequenos recortes da experiência de pesquisa da tese de doutorado *A criança e o trabalho infantil: nos bastidores da TV, do cinema e das passarelas*, FaE/UFMG, sob orientação da Profª. Dra. Ana Lydia Santiago a quem agradeço pela transmissão das conversações como metodologia de pesquisa-intervenção.

tornada comportamento perde sua possibilidade de sentido; se o sentido é excluído, a que então conduz a pesquisa, senão à confirmação dos seus próprios pressupostos?" (AMORIM, 2001, p. 17).

Para Amorim (2001), as formas "contemporâneas de praticar e escrever pesquisa" se caracterizam por três aspectos que podem aparecer juntos ou não em uma mesma pesquisa, a saber: um "menosprezo" em relação à teoria e ao conceito, que pode ser explícito ou implícito; a ênfase na proximidade com o outro, seja na identificação com ele, seja na "empatia" e na naturalização do encontro, ora na ênfase na experiência do pesquisador, na sua vivência, ora na sua própria pessoa.

Amorim (2001, p. 17) compreende que "considerar a alteridade – o outro a quem o pesquisador se dirige – é considerar que também a teoria e o conceito desempenham papel alteritário de fundamental importância", assim como "a *exotopia* e a *dissimetria* permitem a expressão de alteridade, contrariamente à identificação ou empatia". Por fim, enfatizar a experiência do pesquisador ou sua vivência seria suprimir a alteridade no nível da escrita. Para ela, "não há escrita criadora sem alteridade entre autor e locutor. Trata-se da distinção fundamental entre aquele que escreve e aquele que está escrito" (AMORIM, 2001, p. 18).

A autora nos adverte que a abordagem dialógica do texto de pesquisa em ciências humanas busca ultrapassar esses impasses pela ideia de que o conhecimento é uma questão de voz. "O objeto que está sendo tratado num texto de pesquisa é ao mesmo tempo objeto já falado, *objeto a* ser falado e objeto falante. Verdadeira polifonia que o pesquisador deve poder transmitir ao mesmo tempo em que dela participa" (AMORIM, 2001, p. 19). O silêncio também marcará muitas vezes, a alteridade – lembra a autora.

Assim, ela parte de uma hipótese primeira de que em torno da questão da alteridade é que, em grande parte, *se organiza a produção de conhecimento*.

Deixando-nos atravessar por essas reflexões, buscamos interpelar nossa própria função e lugar, no encontro com o outro, no processo de pesquisar. É também aí que se inscreve para nós a problemática da pesquisa com crianças, que trazemos, como dissemos, como exemplo dessa experiência de pesquisa em psicanálise. Como extrair dessas reflexões todas as consequências para uma pesquisa com crianças que não está eximida das contradições da inscrição da criança na cultura, como aquela cuja palavra e assinatura não valem nada?

Como dar voz a um sujeito na pesquisa, inscrito na cultura como *infants* – o que não fala?

Em problemas que exigem uma posição transdisciplinar, como sustentar uma decisão por dada teoria, no nosso caso, a psicanálise, sem, contudo, mascarar sua incompletude para abarcar problemas, sobretudo nos aspectos políticos, sociais e econômicos, muitas vezes nele empenhados?

Desse modo, enfrentando muitos desafios que a pesquisa-intervenção com crianças coloca, em especial, no campo da psicanálise, é que trazemos algumas questões de pesquisa. Duas delas são frutos de nossas próprias elaborações sobre o tema. Trata-se da questão da *intervenção* e da *escrita* – pontos onde recaem as discussões sobre essa modalidade de pesquisa. Na nossa experiência demarcamos o que se *destacou como intervenção*, descentrando a intervenção afeta tão somente ao pesquisador, mas também e com o mesmo vigor com que se destacou na palavra das crianças, dos pais e, também, das palavras de adultos ou de outras crianças, ausentes no *lócus* da pesquisa, mas cujas palavras foram trazidas pelas crianças: professores, pais, padrastos, madrastas, em consonância com os princípios que orientam as conversações e a entrevista clínica.

A intervenção foi tomada como aquela que produzia um corte numa dada posição dos participantes e de cada um, frente ao que se disse e até frente ao não dito, aos pontos de silêncio que permearam nossos encontros. Retomaremos essa questão no relato da experiência.

Do *campo à escrita*, há um fosso a atravessar. A transmissão dessa experiência pelo texto escrito, mesmo um texto onde houve uma busca de que nenhuma voz fosse suprimida, algo escapa, não é fisgado pela palavra. Contudo, o que escapa aparece, por vezes, na dicção do texto, fazendo-se notar.

A escrita, na sua função de véu do real vivido no contato com o universo dessas crianças, traz a dimensão da surpresa, de inusitado, que, de certo modo, coincide com a novidade, com os achados da pesquisa. "Achadouros" – no dizer do poeta Manuel de Barros, em suas *Memórias inventadas*.

Freud, em uma de suas conferências,[10] diz ao leitor que as intenções de escrever um dado conteúdo, de certa maneira, não podem ser concretizadas. Existe alguma coisa no próprio material que se encarrega

---

[10] Refiro-me à Conferência XXIV, de 1917, v. XXVI, da edição Imago das Obras Psicológicas Completas de S. Freud, 1976.

de nos desviar das intenções iniciais. Até mesmo um acontecimento banal, como a organização de um item familiar do material, não está totalmente submetido à escolha pessoal do autor. Freud contava com o saber inconsciente trabalhando o escrevente e no escrevente: "Ele toma a direção que quiser, e tudo que podemos fazer é nos perguntar, depois do evento, por que aconteceu dessa maneira e não de outra" (FREUD, 1976, p. 442).

Lacan, no *Seminário 20: Mais, ainda*, nos diz que aquilo que se pode escrever da clínica nada tem a ver com o que se pôde ler dela. Esta proposição se desliza facilmente da clínica para a pesquisa. É essa disjunção estrutural entre o que se pode ler na pesquisa e o que dela pôde ser escrito, que trago aqui.

A escrita do que se passou em campo, segue a mesma trilha do cuidado e valor que a psicanálise confere à palavra da criança e ao seu saber. Ela parte sempre do dizer da criança, daquilo que teve incidências nos dispositivos da conversação e na entrevista clínica na pesquisa, referentes ao saber da criança, ao que nos ensina. Nas pegadas deste saber nos guiamos na construção de um caminho de transmissão do que trouxeram e do que recolhemos de seu discurso.

Em relação à escrita do texto de uma pesquisa, podemos identificar, não raro, uma escrita ora na primeira ora na terceira pessoa, num mesmo texto de pesquisa. Pude concluir a partir de minha experiência e da leitura do texto de outros pesquisadores dessa modalidade de pesquisa que o próprio movimento da pesquisa implica uma proximidade e uma distância do pesquisador no processo de pesquisar e escrever, que culmina nessa forma de escrita.

Quando é possível estar fora – mesmo estando dentro – na relação com os sujeitos na pesquisa e com o material de campo, assim como com os textos de vários autores, a terceira pessoa é evocada e o texto flui numa certa exterioridade em relação ao pesquisador e sua escrita. Contudo, há momentos em que o pesquisador não tem outra saída senão tentar lançar-se no trabalho da escrita, atravessado pela experiência, de tal modo que a escrita na primeira pessoa é a única que lhe serve de esteio.

Assim, tornar homogênea a escrita escolhendo a primeira ou a terceira pessoa seria fazer apagamento da própria dicção do texto. A primeira pessoa vai deixando ao leitor a trilha da própria solidão da escrita, necessária à transmissão do que se passou nesse encontro com o outro, vivo e falante, e mesmo com o outro da voz do texto, na pesquisa bibliográfica.

A terceira pessoa é a da escrita partilhada, daquilo que parece acessível na transmissão, posto que espelha momentos nos quais ao pesquisador foi possível, usando um termo de Lacan, manter-se numa relação de *extimidade* – íntima exterioridade.

Trazermos, então, o que disseram as crianças. Em nossa pesquisa, vimos como, no projeto civilizatório da sociedade, a criança interessa enquanto *o que será no futuro*. Todo investimento da família e da escola é para formar o *adulto de amanhã,* capaz de competir no mercado e de contribuir no futuro com a cultura, a ciência e a arte. Sua incompletude e sua imaturidade fazem obstáculo à sua consideração como protagonista de sua história, portanto de sua palavra – salvo exceção –, pelos agentes de cuidado. Com essas questões têm se ocupado aqueles que se interessam pela pesquisa com crianças e adolescentes, como vimos anteriormente.

Nesse contexto é que, com a psicanálise, operamos um primeiro deslocamento da questão em nossa pesquisa: enquanto, de modo geral, *parte-se do trabalho na infância* ou do chamado *trabalho infantil*, nós partimos *da criança na sua relação com o trabalho*. Mais que um preparo para a vida adulta, a psicanálise não nos deixa esquecer que devemos nos ocupar da infância, porque é nela que um sujeito se estrutura e se constitui; que no tempo mesmo da infância, a criança é capaz de sofrer e amar, posicionar-se e dizer, construir saber, elaborar diversas questões de seu mundo e seu entorno, sonhar, desejar. Enfim, mesmo sobre o que não pode pronunciar de seu ser, ela pode produzir recursos, tais como o brincar e o desenhar, como suportes de discurso ou, na impossibilidade desses, construir sintoma, inibição e angústia, e até enlouquecer.

Assim, possibilitando o dizer das crianças, para que nos ensinassem sobre o trabalho, a escola e a infância, sobre o que sentiam e o que sofriam, sobre como solucionam, buscam, se arranjam, enfim, como elaboram o que se apresenta em seu mundo e em sua relação com o trabalho, é que fizemos a oferta de palavra.

Na via aberta pela psicanálise, buscamos a palavra da criança e ao que se põe em jogo na experiência de uma criança com o trabalho, dito por ela mesma. Nessa oferta de palavra foi possível encontrar *o sujeito* que não se dobra jamais, em absoluto, a ser objeto de estudo ou pesquisa, mas se cria, como dissemos, no ato mesmo de sua palavra.

As conversações: recortes

Considerando os desafios de transmitir a imensa riqueza que se depreende de uma experiência não apenas de pesquisar, do contato com as crianças, seu universo, sua vida e o real vivido por elas, mas também de acompanhar o movimento de cada uma das crianças sujeitos na pesquisa, na experiência com a palavra – experiência tão rara e distante de suas realidades – é que buscamos trazer este recorte do que se pôde inscrever do percurso de pesquisa.

Partimos da apresentação do tema em torno do qual giraram as conversações: o que as crianças pensam e querem dizer sobre sua relação com o trabalho. A partir desse convite, as crianças tomaram a palavra e, nesse processo inusitado, foram trazendo o trabalho e suas questões, em meio a uma série de acontecimentos e experiências de vida. Assim, vários temas foram introduzidos nas conversações, uma vez que a associação livre foi exitosa, e o silêncio foi dando lugar ao gosto pela palavra.

Cada conversação se iniciou com o que as próprias crianças trouxeram. Em função disso, extraímos um tema central em cada conversação, em torno do qual gravitaram as perguntas, as produções, o saber e as saídas inventivas dessas crianças. Desse modo, no movimento de cada conversação, encontramos o pano de fundo no qual as crianças inscreveram sua relação, sua experiência, seu saber e seu modo particular de dizer sobre o trabalho e compreendê-lo.

Para a análise das conversações, com base, principalmente, nas elaborações de Santiago (2005, 2008, 2009) sobre a *Conversação como metodologia de pesquisa-intervenção*, busquei construir *os operadores* que tornaram possível identificar o "movimento das conversações", bem como o modo de dar tratamento ao que se extraiu da palavra das crianças. São eles:

1. O ponto em torno do qual girou o movimento da palavra do grupo de conversação, o que foi colocado em relevo, o que saltou com mais vigor de cada momento de conversação;
2. As questões relativas a esse ponto trazidas pelas crianças, endereçando-as aos outros participantes ou à pesquisadora em cada conversação;
3. O que se repetiu, insistiu e retornou no discurso das crianças;
4. Os impasses que se colocaram para essas crianças e as saídas inventadas por elas mesmas para esses impasses;
5. Os pontos de emergência da enunciação;

6. A produção de saberes inéditos;
7. O que se produziu em cada conversação sobre a Infância, a escola e o trabalho;
8. O tema – questão norteadora das conversações – e o que se produziu em torno dele posto em conversação ora pela pesquisadora, ora pelas crianças;
9. O que se destacou como intervenção das próprias crianças, da pesquisadora, da palavra dos pais e professoras trazidos pelas crianças à conversação;
10. O que se operou com as conversações – uma leitura dos efeitos das intervenções nos sujeitos na pesquisa.

A oferta de palavra na conversação

Cheguei à escola pública, que se mostrou muito sensível ao problema da pesquisa, para dar início às conversações com as crianças. Eram duas da tarde, sol intenso. A vice-diretora da escola havia selecionado as crianças participantes dos programas de transferência de renda como PETI e do Programa Bolsa Família, que teriam alguma experiência de trabalho, supunha ela. Disponibilizada uma sala próxima à biblioteca e a um pátio onde alguns adolescentes faziam educação física, ela solicitou que buscassem as crianças.

A bibliotecária foi chamar as crianças já listadas pela vice-diretora em sua sala de aula. Do grupo inicial indicado, 13 crianças e pré-adolescentes permaneceram no trabalho das conversações até sua conclusão, 10 crianças: 5 meninos entre 11 e 12 anos e 5 meninas entre 11 e 12 anos, todos alunos da sexta série do ensino fundamental. As outras três crianças, ora não quiseram participar, ora não foram liberadas de sala de aula. Todas elas eram crianças que, no discurso da funcionária, "perturbavam o bom andamento da sala de aula, por problemas de indisciplina e de conduta", cuja ausência traria "alívio para a professora".

Elas chegaram correndo, umas descendo pelas escadas aos gritos, algumas escorregando pelo corrimão, outras disputando espaço para passar pela porta. Como num espelho, umas socavam outras, recebendo, como resposta, um golpe rápido. Os meninos provocavam as meninas puxando-lhes os cabelos ou dando-lhes algum empurrão ou sacudida. As meninas, por sua vez, imediata e ferozmente, reagiam com unhadas, tapas e empurrões.

O barulho e a inquietação das crianças eram tão intensos, que quase não pudemos escutar o pouco que cada uma falava ou às vezes gritava, socando umas às outras para que pudessem ser escutadas. Algumas decretavam silêncio, aos berros, dando soco na mesa, outras se recusavam a assentar ou disputavam as cadeiras escolhidas, embora houvesse lugar para todas no círculo já desfeito que as esperava.

Minha palavra não tinha nenhum efeito sobre elas. A despeito de todo esforço de dar início à conversação em meio ao caos instalado, apenas pude identificar algumas crianças perguntando o nome a quem se assentava por instantes, próximo a mim.

De repente, pensei que talvez meu silêncio pudesse ter alguma consequência, no lugar de seguir na tentativa de falar mais alto que eles. Passados mais de 20 minutos naquele redemoinho de gente e gestos, um dos meninos pergunta alto e agressivamente: "O que vamos fazer aqui?". Um curto silêncio se instalou. Esperei, em vão, que alguém tomasse a palavra. A algazarra e as agressões de todo tipo se reiniciaram.

Uma das meninas endereçou à pesquisadora uma pergunta: "Por que fomos escolhidas?". "Porque vocês se expressam muito bem, usam bem as palavras", respondi sem pensar, imediatamente.

Essa fala teve eco em cada um, e os que corriam pela sala falando sem parar ou forçando a porta para impedir a entrada de quem estava fora sentaram-se surpreendidos por aquela nomeação: crianças que sabiam falar, se expressar, usar a palavra. "Eu?", disse um menino apontando para si mesmo.

Fiz sinal afirmativo com a cabeça, sem dizer mais nada, e foi possível iniciar a conversação. Num movimento lento, tomaram seus lugares.

A partir daquele momento, uma das meninas tomou a palavra, buscando falar pausadamente e com a entonação de um orador experiente. Quando uma das crianças, num lapso de linguagem, usava um termo comum entre elas ou uma gíria, logo era interpelada e traduzida por outra criança. Exemplo disso é o termo "terrão", usado por um menino para se referir ao local onde seria construído um campo de futebol, e alguém traduziu em meio aos risos, como se fosse um dito inadequado à situação: "Terrão é um lugar vazio e grande da favela". Esse tom expressivo e cuidadoso com as palavras reinou em todas as conversações.

Disse-lhes que eu era uma pesquisadora e pesquisava o que as crianças pensam e querem dizer sobre *trabalhar*.

Essa foi a questão norteadora de todas as conversações, e em torno dela muito se falou, se questionou, se produziu. Mais além do que constatamos, importou aprender com as crianças para intervir naquilo que é dito sobre elas, principalmente no campo das políticas de atendimento.

Trarei uma das conversações para que o leitor possa acompanhar seu movimento, sua pulsação e o que pudemos depreender do dizer das crianças, extraindo desse dizer inclusive o título da conversação, demonstrando que a associação livre é o carro-chefe, e aquilo que se destaca como intervenção pode advir de qualquer um dos participantes.

Primeira conversação: o perigo mora em casa

Respondendo ao convite de se apresentar, entre um grito e outro de alguns participantes, uma das meninas toma a palavra e fala de seu bairro, usando o "bom português", fazendo valer o que fora dito sobre eles e dando início ao que o grupo veio consolidar: o retrato falado de seu bairro. Iniciando sua fala com as melhoras de infraestrutura operadas pela Prefeitura, caracteriza-o como "uma das maiores favelas da capital".

Inicialmente era clara a marca de certo orgulho e contentamento, se referindo não à favela, mas dando-lhe um estatuto de bairro: "Nosso bairro está crescendo com obras, construindo obras", ao que outra complementou: "Estão construindo postos, escolas, predinhos, parquinhos, um campo, vão fazer um campo lá". O orgulho com que falavam foi ficando cada vez mais embaçado com as falas que se seguiram, chegando aos montes, na polifonia das vozes: "Tem muita violência. Tem muita guerra". "Guerra de gangues de outras comunidades." "Como brigas e pai espancando filho, mandando mãe para fora de casa, tiroteios."

A essa profusão de acontecimentos traumáticos somaram-se outros, muitos, no dizer de um menino, "absurdos": o uso da droga por jovens e adultos na porta de suas casas; o assédio sexual contínuo às meninas e o assédio do mundo do tráfico aos meninos; a erotização precoce e fora de lugar; a dificuldade do ir e vir dentro da favela e o perigo iminente na comunidade e no caminho para a escola em função de "malandros", "tarados", "ladrões" "estupradores"; jovens mortos nos becos à luz do dia por enviados de chefes do tráfico, como podemos escutar das crianças: "O moço que mora perto da minha casa entrou na minha casa. Só porque eu tava de short, ele entrou na minha casa querendo. Ele olhou no quarto da minha mãe, olhou no meu quarto pra ver se tinha alguém lá, aí eu saí correndo", diz C.

"É afetividade não, é pedofilia", diz E. "Pedofilia é assédio sexual com menores", traduziu A.

Nessa série, as meninas trazem inúmeras situações de perigos, muitas em relação aos abusos sexuais iminentes: "Lá na favela perto da minha casa o povo fica fumando, perto da porta da minha casa", diz a menina A. Outra menina, C., em associação livre, diz: "No meio do mato à noite, depois das 7 horas, você não podia passar lá, porque tem tarado lá, e se você passa lá, ele pega você e leva você para o mato, no beco lá do lado da casa da minha avó". "É o beco do estuprador", diz o menino E.

"E também, se alguém oferecer para a gente alguma coisa que não pode aceitar, é só sair ali com eles, dez reais, não pode não, não pode aceitar. Ontem, professora, eu tava sentada lá na rua conversando com minha colega, aí foi, né, um cara que tava cheio de droga tava mandando eu sair do lugar, mas a gente não tava com droga, aí ele começou a falar besteira, falar que ia comer as meninas", argumenta C.

Atenta, A. traduz: "Comer é praticar ato sexual".

O que foi possível extrair dessa torrente de acontecimentos e experiências que nunca haviam sido relatadas na escola, como uma delas esclareceu, é que há um perigo do qual não podem escapar, do qual não sabem como se proteger. Enquanto para muitas crianças o perigo mora "fora" – fora da casa, da família, da comunidade e das instituições que frequentam –, para essas crianças não há o dentro e o fora.

Há, entretanto, uma estrutura de continuidade entre a favela, o beco e a casa que é sempre arrombada, invadida, palco de violência, como conclui uma das meninas referindo-se ao dizer de outra: "D. falou uma coisa que eu acho interessante: ela falou que nem na casa da gente é seguro, porque na nossa casa tem perigo".

Talvez pudéssemos dizer que algo dessa experiência se escreve assim: "favelabecocasa". É preciso uma nova topologia que introduza o E, que inscreva o dentro e o fora.

O que se depreende desse estado de coisas que foram ditas – com uma contundência espantosa – ganha uma importância especialíssima para nós, pois nos permite compreender que são crianças devastadas pelo horror e pelo que não sabem ou compreendem – o que encontra ressonâncias nas palavras de Lacan (2005, p. 34): "O homem encontra sua casa em um ponto situado no Outro, mais além da imagem de que somos feitos, e essa imagem representa a ausência na qual nos encontramos".

Trata-se justamente da "errância" desse ponto situado no Outro, dessa ausência, em alguns casos, no Outro e do Outro que lhes responda as perguntas, lance enigmas, dê proteção e amparo, forneça um mínimo de recursos para apaziguar a precariedade simbólica frente ao real em jogo, no qual se sentem crianças objetos da solidão, do abandono, da violência e da injustiça social.

Em meio a todas essas situações, falou-se do trabalho, ora como o que faz série, ou seja, como o que entra na lista das situações "fora da lei", como podemos localizar nas falas de E.: "Se pegarem, o patrão leva multa de 400 reais". Paradoxalmente, ora o trabalho é tido como o que as retira das drogas, como nos diz A.: "Com o trabalho a gente não fica na rua, nas drogas".

A pergunta da pesquisadora: "O que uma criança pode fazer para não entrar nisso, para se proteger dessas situações?" traz uma perspectiva nova: "Evitar briga, evitar mexer com drogas muito cedo, bebendo, ficar bebendo".

O que se segue a essa fala foi novamente, e não sem razão, as melhorias do bairro, principalmente a construção de "prédios". Essas crianças estariam, com isso, apostando numa nova maneira de viver a partir de uma nova poética do espaço? Questão que pudemos apurar em conversações que se seguiram.

Assim, com este breve relato da experiência de pesquisa-intervenção com crianças, tentamos fazer reverberar os princípios que orientam a conversação e a entrevista clínica na pesquisa, esperando contribuir para fazer avançar não só seus pressupostos, mas com eles, a pesquisa em psicanálise. Esta que, no nosso entendimento, é um campo em formação e, porque não dizer, de formação.

Referências

AMORIM, Marília. O pesquisador e seu outro: Bakhtin nas ciências humanas. São Paulo: Musa, 2001.

BARROS, Manuel de. *Memórias inventadas: a infância*. São Paulo: Planeta, 2003.

CASTRO, Lucia Rabello de. Conhecer, transformar(-se) e aprender: pesquisando com crianças e jovens. In: CASTRO, Lucia Rabello de; BESSET, Vera Lopes (Orgs.). *Pesquisa-intervenção na infância e juventude*. Rio de Janeiro: Trarepa/FAPERJ, 2008.

FERRARI, Ilka. A ignorância fecunda inerente à pesquisa-intervenção. In: CASTRO, Lucia Rabello de; BESSET, Vera Lopes (Orgs.). *Pesquisa-intervenção na infância e juventude*. Rio de Janeiro: Trarepa/FAPERJ, 2008.

FERREIRA, Tânia. A criança e o trabalho infantil: nos bastidores da favela, da TV, do cinema e das passarelas: um estudo de psicanálise e educação. 2011. 239f. Tese (Doutorado em Educação) – Faculdade de Educação, Universidade Federal de Minas Gerais, Belo Horizonte, 2011.

FIGUEIREDO, Ana Cristina. *Psicanálise: pesquisa e clínica*. Rio de Janeiro: IPUB, 2001.

FREUD, S. (1896) Etiologia da histeria. In: *Primeiras publicações psicanalíticas (1893-1899)*. Rio de Janeiro: Imago, 1976. (Edição standard brasileira das obras psicológicas completas de Sigmund Freud).

FREUD, S. *Novas Conferências introdutórias sobre psicanálise*. Rio de Janeiro: Imago, 1976. (Edição standard brasileira das obras completas de Sigmund Freud).

FREUD, S. Conferência XXIV. In: *Conferências introdutórias sobre psicanálise*. Rio de Janeiro: Imago, 1976. (Edição standard brasileira das obras completas de Sigmund Freud).

LACADÉE, Philippe; MONNIER, Françoise. *De la norme de la conversation ou detail de la conversation: le pari de la conversation*. Paris: Institute Du Champ Freudien, Centre Interdiciplinaire sur l'Enfant (CIEN), 1999/2000.

LACAN, Jacques. *O seminário – livro 20: Mais, Ainda (1972-1973)*. Tradução de M. D. Magno. 2 ed. Rio de Janeiro: Jorge Zahar Editor, 1985.

LACAN, Jacques. *O Seminário – livro 10: A Angústia (1962-1963)*. Rio de Janeiro: Jorge Zahar Editor, 2005.

LACAN, Jacques. *O Seminário – livro 18: De um discurso que não seria do semblante* (1970-1971). Rio de Janeiro: Jorge Zahar, 2009.

LAURENT, Éric. *A sociedade do sintoma: a psicanálise, hoje*. Rio de Janeiro: Contra Capa, 2007.

MILLER, Jacques-Alain. Problemas de pareja: cinco modelos. In: *La pareja e el amor*. Bueno Aires: Zahar, 2003.

MILLER, Judith. CIEN: apresentação por Judith Miller. *Revista Correio*, Belo Horizonte: n. 21/22, nov. 1998.

SANTIAGO, Ana Lydia. *A inibição intelectual na psicanálise*. Rio de Janeiro: Zahar, 2005.

SANTIAGO, Ana Lydia. O mal-estar na educação e a conversação como metodologia de pesquisa: intervenção em psicanálise e educação. In: CASTRO, Lucia Rabello de; BESSET, Vera Lopes (Orgs.). *Estudos da Infância: educação e práticas sociais*. Rio de Janeiro: Trarepa/FAPERJ, 2008.

SANTIAGO, Ana Lydia. Psicanálise aplicada ao campo da educação: intervenção na desinserção social na escola. In: SANTOS, Tânia Coelho (Org.). *Inovações no ensino e na pesquisa em psicanálise aplicada*. Rio de Janeiro: 7 Letras, 2009.

SANTOS, J. E. F. *Travessias: a adolescência em Novos Alagados: trajetórias pessoais e estruturas de oportunidade em um contexto de risco psicossocial*. Salvador: UFBA, 2004. Dissertação (Mestrado em Psicologia) – Programa de Pós-Graduação em Psicologia, Universidade Federal da Bahia, Salvador, 2004.

SANTOS, T. Coelho. *Inovações no ensino e na pesquisa em psicanálise aplicada*. Rio de Janeiro: 7 Letras, 2009.

A escrita em Freud e Lacan

Leny Magalhães Mrech

Introdução

A pesquisa em psicanálise a partir da escrita conduz a uma questão crucial: de que pesquisa se está falando? E, se for daquela direcionada pela produção acadêmica, Lacan alerta que há sempre um grande risco.

Em "Prefácio de uma tese", em *Outros escritos* (2003, p. 389), Lacan revela que ela apresenta uma especificidade própria: ela apaga o que revela. O que o levou a esclarecer que a escrita lida com a palavra como se fosse "[...] o âmbar que aprisiona a mosca, para não saber nada do seu voo" (2003, p. 399).

O discurso universitário paralisa o próprio processo da escrita, entificando-o em uma tese, como uma captura do vivo, para deixá-lo morto, tendo em vista uma determinada forma de estudo.

A psicanálise, por sua vez, lida com o processo de criação graças à autoria, vivificando a palavra e atravessando-a por meio do gozo. A palavra permanece viva, transformada em outros circuitos para novas composições.

Desse modo, estamos diante de um impasse: como lidar com a pesquisa em relação à escrita, para que ela não seja transformada em uma palavra morta, perdendo a sua ação vivificadora? Trata-se de um problema que cada um dos pesquisadores que trabalham com psicanálise e escrita se vê em determinados momentos.

Uma imagem que Lacan (2003, p. 389) tece através das andorinhas. Há a necessidade de mais de uma andorinha para tecer esse processo,

"[...] sabemos que é preciso uma segunda andorinha (*hirondelle*) para fazer o verão. Única, portanto, nessa posição, mesmo que existam várias".

Dois aspectos se destacam na afirmação de Lacan: 1) a necessidade de várias andorinhas para se tecer o verão; e 2) que cada uma seja única. Neste artigo, veremos algumas das andorinhas que vêm tecendo o verão em relação às possíveis articulações da escrita em Freud e Lacan. Mas o faremos não como a leitura de uma espécie, de algo universal, e sim como uma tentativa de captura do singular, de cada umas dessas andorinhas.

O efeito sujeito direcionado para a singularidade fica ainda mais claro em um texto chamado *O rouxinol de Lacan*, em que Jacques-Alain Miller(2003), baseando-se em "O rouxinol de Keats", de Jorge Luis Borges, revela que há, na escrita de cada autor, algo que permanece, embora seja diferente a cada momento. O que pode ser identificado através das próprias palavras de Borges que Jacques-Alain Miller destacou, a saber:

> Aqueles que frequentaram a poesia lírica da Inglaterra não esquecerão a *Ode a um rouxinol*, que John Keats, tísico, pobre e talvez desafortunado no amor, compôs em um jardim em Hampstead, à idade de vinte e três anos, em uma noite do mês de abril de 1819. Keats, no jardim suburbano, ouviu o eterno rouxinol de Ovídio e de Shakespeare e sentiu sua própria mortalidade, e contrastou-a com a tênue voz imorredoura do invisível pássaro (BORGES, 1999 [1952]).

A singularidade de cada autor seria como o rouxinol que permanece e retorna: essa é a andorinha que Miller destacou anteriormente, não como uma espécie que se repete, mas sim como o singular que traz, a cada momento, características diferenciais.

As andorinhas são os nossos rouxinóis que levantaram voo e trouxeram algo específico e singular, e serão assim nossas tentativas de vivificar o processo da escrita por meio da linguagem, visando capturar certos aspectos da dimensão do gozo.

Como o leitor irá perceber, construímos este artigo sob a forma de revoadas de andorinhas ou rouxinóis – são múltiplos os voos. Cada um rumando a um espaço específico.

Freud

O primeiro rouxinol ou andorinha veio com Freud, o criador da psicanálise. E ele também foi o grande desbravador de espaços novos.

Rego (2005, p. 104) se pergunta se haveria uma teoria freudiana da escrita e responde afirmativamente, ao destacar que essa foi tecida ao longo do tempo.

A autora afirma ainda que o processo se iniciou no texto acerca das afasias, em que foi introduzida uma concepção de aparelho de linguagem, continuou com a construção da teoria sobre o traço no *Projeto para uma Psicologia Científica* e evoluiu para uma metáfora da escrita em *A interpretação dos Sonhos,* em sua famosa escrita psíquica. E, posteriormente, evoluiu ainda mais para a escrita psíquica que terá o seu ápice em *Além do princípio do prazer,* e em *Uma nota sobre o bloco mágico,* terminando em *Moisés e o monoteísmo.*

A mesma autora lembra também que, ao longo desse processo, Freud utilizou diferentes denominações tais como: impressão, traço, marca, inscrição, transcrição, tradução, escrita, representação de palavra, representação de coisa, *das Ding* (REGO, 2005, p. 104).

A seguir, exponho uma pequena discussão a respeito dos modelos de escrita estabelecidos por Freud, e já acrescento que optamos por fazer alguns acréscimos à perspectiva proposta originalmente por Rego (2005).

A construção de um aparelho de linguagem

Em *La afasia* (1973), Freud faz a revisão das principais hipóteses a respeito dos distúrbios afásicos, apoiando-se em Hughlings Jackson, Charlton Bastian e Stuart Mill. Até aquela época, as várias afasias eram vinculadas a lesões em regiões cerebrais específicas.

Freud, no entanto, parte de outra concepção: ele se recusava a conceber que cada uma das funções de linguagem se localizasse em uma área diferente e que todas as funções fossem diferentes umas das outras (CAROPRESO, 2003, p. 19-20).

Ele pensava que não seria necessário haver centros sediando as várias funções de linguagem, porque algumas delas poderiam estar localizadas em uma mesma área e que elas seriam funcionalmente dependentes umas das outras (CAROPRESO, 2003, p. 20).

Com isso, Freud elabora uma nova forma de se ler esse processo por intermédio da constituição de um aparelho de linguagem, introduzindo uma nova escrita dos processos associativos presentes na área de linguagem.

É o momento em que Freud ainda utiliza a neurologia para tecer as explicações a respeito do funcionamento do sujeito: "[...] O aparelho de linguagem seria constituído por processos associativos entre elementos acústicos, cinestésicos e visuais, que consistiriam no último estágio de reorganização dos estímulos periféricos" (CAROPRESO, 2003, p. 20).

E, nesse processo, ele descobre a importância da "palavra":

> Do ponto de vista psicológico, a "palavra" é a unidade funcional da linguagem: é uma representação complexa constituída por elementos acústicos, visuais e sinestésicos.
> Devemos o conhecimento desta estrutura à patologia, a qual demonstra que as lesões orgânicas que afetam o aparelho de linguagem ocasionam uma desintegração da linguagem correspondente a tal constituição [...]. Geralmente, se consideram quatro constituintes da representação de palavra: a "imagem acústica" ou "impressão acústica", a "imagem visual da letra" e as "imagens ou impressões glossocinestésicas e quirocinestésicas", porém esta constituição parece ainda mais complicada se se considera o provável processo de associação implícito nas diversas atividades de linguagem (FREUD, 1973, p. 86).

E Freud tenta rastrear de que maneira ocorreria o processo de inscrição do aparelho da linguagem no sujeito. Inicialmente, revela que a primeira imagem a se formar seria a acústica; a segunda a imagem, glossocinestésica; a imagem visual da letra viria depois; e, por último, a quirocinestésica. Contudo ele destaca que, entre todas elas, haveria sempre um predomínio da imagem acústica.

Rego (2005, p. 105) ressalta que, no esquema proposto por Freud, o psíquico coincidiria com a linguagem, na qual *a representação-palavra é composta por elementos acústico, motor (escrita e fala) e visual (leitura) e representações-objeto*.

O conceito de representação de objeto, para Freud, seria composto por elementos sensoriais, podendo ser ativado continuamente. E a representação de palavra se encontraria atrelada às imagens acústicas, visuais e cinestésicas, constituindo-se de maneira mais fechada e não admitindo novos elementos a ela acoplados. A única possibilidade seria se novas representações de palavras fossem a ela acrescentadas.

Para Freud, o psíquico apresenta uma singularidade própria, ao estabelecer a tese de que haveria um paralelismo psicofísico, caracterizado por impressão sensorial e representação psíquica.

É o momento em que Freud começa a identificar uma relação estreita entre a representação de palavra e a representação de objeto: "A representação de palavra está ligada à representação de *objeto a* partir de não todos os seus componentes, mas apenas através da imagem acústica" (FREUD, 1977, p. 71).

Rego (2005, p. 106) destaca o vínculo com a linguagem oral, havendo um privilegiamento do acústico da palavra e do visual do objeto.

Em síntese, ao lidar com as afasias, Freud tenta estabelecer uma nova forma de leitura desses processos, abarcando não apenas as grandes afasias, mas também fenômenos relativos à psicopatologia da vida cotidiana, tais como: lapsos *linguae,* trocas de letras, esquecimentos etc. Nesse momento, ele concebe esses processos como funcionamentos anômalos do aparelho psíquico.

No caso, é importante assinalar que ele ainda se pauta apenas nas representações, não havendo a leitura dos traços. E, aos poucos, se dá conta de que haveria sempre um resíduo, um resto de linguagem que retornaria, como algo que não conseguiria ser triturado pelo moinho das palavras. Para Freud, esse resto será o precursor do traço mnêmico (REGO, 2005, p. 107).

O Projeto: o surgimento do traço mnêmico

Freud (1977) se encontra, pela primeira vez, com algo novo no *Projeto para uma psicologia científica.* Pode-se assinalar que, em certa medida, é quando ele começa a fazer a passagem da neurologia para a psicanálise, ou seja, ele passa de uma escrita mais direcionada para a medicina para outra mais pautada na própria psicanálise.

Garcia-Roza (1987) denomina esse processo de "pré-história da psicanálise".

> Para os continuistas, a psicanálise começa com o *Projeto* – sendo que, para alguns, ela começa e termina – para os descontinuistas, o *Projeto* não é o ponto de partida da psicanálise, mas a última e desesperada tentativa de Freud falar de uma linguagem neurológica ou física. O *Projeto* assinalaria, dessa maneira, não o início de um novo saber, mas o último suspiro de um saber já existente (GARCIA-ROZA, 1987, p. 42).

Dessa forma, pode-se assinalar que, tanto nas afasias quanto no Projeto, Freud está em busca de uma escrita do aparelho psíquico, ainda sem uma consistência própria, pois ele é atravessado pela neurologia e busca nas leis científicas um caminho para descrever o aparelho psíquico.

No *Projeto,* há também uma concepção quantitativa do funcionamento do sistema nervoso, em que são privilegiados conceitos, como "soma de excitações", "canalização da excitação", "função de inibição", etc. Há afirmação do princípio do prazer-desprazer como um princípio regulador do psiquismo, como explica Garcia-Roza (1987, p. 45-46).

A importância do *Projeto* em relação à teoria da escrita em Freud deve-se ao fato de se tratar de um momento em que ele elabora uma versão do aparelho psíquico a partir de um sistema de traços, barreiras e trilhas, construídos a partir de uma concepção energética.

É fundamental destacar que o "aparelho psíquico", proposto por Freud, não tem uma existência ontológica. Trata-se de um modelo, com o qual o autor tenta explicitar o funcionamento psíquico e se trata de uma escrita do aparelho psíquico pautada em leis da física e, em especial, na termodinâmica. É o início daquilo que Freud, posteriormente, denominará de "metapsicologia".

Freud estabelece uma concepção de neurônios que nada tem a ver com a neurologia. O funcionamento do seu aparelho psíquico é estabelecido a partir de um modelo de funcionamento energético, em que ele propunha a distribuição das cargas energéticas entre dois tipos de "neurônios": 1) os Q – vinculados à estimulação sensorial externa – e os Q'n – ligados a estímulos internos.

Dessa forma, o autor acreditava que os neurônios poderiam ser carregados energeticamente tanto por estímulos externos Q quanto por estímulos internos Q'n – processo que Freud denominou, no *Projeto para uma Psicologia Científica*, de *Besetzung*. Alguns autores, como Strachey, na tradução dos textos de Freud, nomearam de *catexia*. No Brasil e nos países de língua francesa, costuma-se usar o termo investimento.

Freud propõe uma hipótese para o funcionamento dos Q, os quais, quando carregados, tenderiam a se desfazer de sua carga energética. Um funcionamento baseado na teoria do arco-reflexo, em que uma ação recebida do exterior desencadearia uma resposta de descarga motora. Foi também ele quem identificou uma tendência à evitação de altas cargas de estímulos que deveriam ser mantidos em base mínima.

Os Q'n, por sua vez, teriam características distintas. Por serem internos, não haveria como escapar deles, só desaparecendo a partir de ações específicas visando à eliminação do estímulo interno.

Freud estabelece que o aparelho psíquico funcionaria graças à lei da constância, em que o sistema energético tenderia a ser mantido em bases mínimas.

A memória neurônica ocorreria por meio do acúmulo de Q, que geraria as chamadas barreiras de contato, as quais funcionariam impedindo a passagem da energia que deveria ser escoada.

A partir daí, Freud concebe a existência de dois tipos de neurônios: os impermeáveis e os permeáveis. Os primeiros possuem cargas energéticas que passariam e que voltariam sempre ao mesmo lugar. Os segundos seriam pautados em uma resistência ao livre escoamento de Q pelas barreiras de contato e seriam alterados pelo processo, gerando memórias, como destaca Garcia-Roza (1987, p. 50).

Desse modo, Freud identifica a existência de dois sistemas de neurônios, a saber: os neurônios fi (Φ), formados pelos neurônios permeáveis, que não ofereceriam resistência ao escoamento de Q, sendo destinados à percepção; e os neurônios psi (Ψ), formados de neurônios impermeáveis, dotados de resistência, que seriam os portadores de memória.

Freud concebe a noção de *bahnung* para designar um processo de facilitação, em que as barreiras seriam alteradas pelas passagens das cargas energéticas, promovendo uma diminuição das resistências e fazendo com que fosse procurado continuamente um caminho facilitador, no qual seria encontrada menor resistência da barreira.

Dessa forma, é partindo da ideia da entrada do estímulo no aparelho psíquico que Freud identifica a existência de caminhos prévios, que deixariam traços a serem seguidos em um novo momento. Caberia ao psicanalista aprender a ler essas trilhas enérgicas vivenciadas pelo sujeito, nas quais haveria uma escrita a ser apanhada e identificada.

Freud constata também que o sujeito pode tentar escapar dessas trilhas prévias na tentativa de operar de outra forma.

É quando Freud se dá conta da importância tanto dos estímulos externos quanto internos – e ambos podem interferir no processo, dando um destaque específico à memória. E, devido a ela, o sujeito teria a possibilidade de retornar aos traços que já percorreu.

Para Rego (2005, p. 111), "[...] a labilidade dos caminhos da memória, das impressões e da frequência da impressão, aqui caracterizada, como nas afasias, como dados sensoriais".

A partir da escrita do aparelho psíquico, tornou-se possível identificar as marcas mnêmicas, ou traços de força, deixadas pelos neurônios, os quais irão compor posteriormente os circuitos de repetição que desempenham um papel importantíssimo na teoria de Freud.

A consciência

Ainda no *Projeto*, Freud (1977) destaca que tanto Φ quanto Ψ são inconscientes e, então, ele passa a se interessar por identificar o funcionamento mental da consciência.

Ele nomeia de neurônios ω aqueles que são responsáveis pela qualidade, e não pela quantidade energética e podem ser excitados junto com a percepção, tornando-se responsáveis pelas "sensações conscientes". Eles são inteiramente permeáveis, móveis, com grande mutabilidade em seu conteúdo e não se encontram vinculados à memória, direcionando-se mais para a percepção.

A concepção de Freud relacionada à consciência é ainda inicial. Rego (2005, p. 111) se pergunta em que ela consiste. E a própria autora responde que são sensações de grande variedade que advêm dos órgãos dos sentidos, a saber: cor, cheiro, pressão, temperatura, sabores, e do interior do corpo, instaurando sensações de prazer e desprazer.

Ao tratar dos neurônios ω, Freud aborda com mais detalhe a questão do prazer-desprazer, atribuindo à consciência a responsabilidade pela identificação das reações de prazer e desprazer.

> Já que temos um certo conhecimento de uma tendência de vida psíquica no sentido de *evitar o desprazer*, ficamos tentados a identificá-la com a tendência primária a inércia. Nesse caso, o *desprazer* teria que coincidir com um aumento do nível de Q ou com um aumento qualitativo da pressão. [...]. O prazer corresponderia à sensação de descarga. [...] O prazer e o desprazer seriam as sensações correspondentes à própria catexia de ω, ao seu próprio nível; e aqui ω e Ψ funcionariam, por assim dizer, como vasos comunicantes (FREUD, 1977, p. 415).

Freud destaca que as experiências de prazer e desprazer geram experiências de satisfação e dor percebidas pela consciência, o que faz com que o sujeito passe a associar a experiência de satisfação à imagem de um determinado objeto que permitiu a descarga. Essa ocorrência possibilitará que, em uma situação de estado de necessidade, apareça novamente a imagem mnemônica do objeto, que causará o desejo.

No *Projeto*, Freud atribui importância ao "ego" ou consciência e não se trata aqui do ego entendido como sujeito ou como indivíduo; seu posicionamento é para apenas evitar a alucinação e a decepção, que ocorreriam se o sujeito ficasse preso ao processo de investimento da imagem mnêmica. O ego deve procurar a identidade de percepção.

O traço

As barreiras de contato costumam fazer oposição às cargas energéticas de Qn, deixando um sistema de marcas: os traços mnêmicos.

Rego (2005, p. 110) se pergunta por que Freud chamaria essas marcas de mnêmicas e a resposta é porque se trata de uma rede das marcas que constituirão uma via facilitada (a *banhnung*) para a passagem de Qn, o que vai determinar uma preferência por uma via, e não, por outra.

A memória ocorreria, então, quando se percorressem de novo as vias de facilitação inicialmente abertas. É o momento em que Freud se dá conta da existência das repetições e, graças aos neurônios perceptivos Φ, o sujeito vivenciaria o processo sempre como se fosse a primeira vez.

Por sua vez, os neurônios mnêmicos, também chamados de neurônios Ψ, propiciariam a constatação do que já passou, ou seja, haveria um sistema de memória.

Posteriormente, Freud revela que é possível haver retranscrições, porém é importante destacar que "[...] há uma labilidade dos caminhos da memória, uma escrita em movimento, uma abertura de caminhos, [que] depende da magnitude da impressão e da frequência da impressão", como explica Rego (2005, p. 111). E a mesma autora continua, lembrando que os traços mnêmicos são como uma "escrita em movimento".

Freud não só conseguiu estruturar o seu aparelho de linguagem, como nos casos das afasias e do *Projeto*, como também o tornou móvel, capaz de continuar capturando as mudanças relativas a novas retransmissões.

A experiência de satisfação poderá juntar duas imagens mnêmicas, por exemplo, a imagem motora da sucção e a imagem do seio, podendo fazer aparecer o desejo e se produzindo como algo quase idêntico a uma percepção.

A experiência de dor costuma ser sinalizada por ω como desprazer, o que fortalece o vínculo com a descarga ou uma tentativa de excluir o processo. Uma imagem mnêmica pode ser associada a esse processo posteriormente, desencadeando não a dor, mas o desprazer.

É o momento em que Freud percebe que o estado de desejo pode levar o sujeito a processos de alucinação. O ego irá atuar para evitar que o sujeito confunda a alucinação com a realidade, ou seja, o ego atua inibindo, possibilitando a distinção entre a percepção e a lembrança.

A interpretação dos sonhos

Rego (2005, p. 124) revela que, na *Interpretação dos sonhos,* Freud apresenta o que ele denomina de *sua metáfora da escrita, ao comparar o sonho a uma escrita hieroglífica que precisa, portanto, de decifração ou tradução.* E a autora lembra que Freud busca uma forma de lidar com o inconsciente e, constantemente, constata que ele lhe escapa.

> A escrita inconsciente [...] se transformará em modelo para todos os textos visíveis, não se dá a ler: resiste à decifração, resiste à interpretação. Talvez por esta razão, devêssemos fazer uma diferença entre escrita e texto. A escrita é inconsciente e é, como diz Lacan, *pas-à-lire* e o texto, ao contrário, manda mensagem (REGO, 2005, p. 125).

Acreditamos que a distinção entre escrita e texto seja uma das grandes contribuições do texto de Rego. A escrita remeteria continuamente ao inconsciente, enquanto o texto poderia ser decifrado. Essa possibilidade leva a se enxergar os limites da interpretabilidade, uma vez que eles sempre esbarrariam nos limites de leitura da escrita trazida pelo inconsciente.

Essa leitura leva Lacan (2009a) a se contrapor aos linguistas, tentando ler o inconsciente estruturado como uma escrita e, assim, a discussão acerca da possibilidade de interpretação dos sonhos se encontrará sempre num processo que lhe escapa: o umbigo dos sonhos.

A leitura dos sonhos que, para o grande público, é facilmente associada a sentidos e significados ganha com Freud outro olhar. Nela, há sempre algo que escapa e que não consegue ser significado.

Freud procura capturar, por meio do relato dos sonhos, os pensamentos que se inscrevem por trás deles, contudo é importante assinalar que não se trata do que realmente o sujeito sonhou, porque todo relato traz sempre uma deformação do processo. Ele distingue entre conteúdo manifesto e latente, ao revelar que o sonho apresenta várias camadas. A fala traria a "escrita" do inconsciente presente no relato, que é uma escrita sempre encoberta e enigmática.

O rébus

Uma de suas análises leva Freud a conceber o sonho como um rébus, o qual aparece em livros de entretenimento, palavras cruzadas, logogrifos, charadas, etc. e tende a ser decifrado, distinguindo-se dos verdadeiros enigmas que não trariam respostas desse tipo.

Uma questão que se levanta é se Freud abordou o sonho como um rébus ou como um enigma, ou seja, como algo que poderia ser decifrado ou não.

E acreditamos que Freud trata os sonhos como se eles fossem as peças egípcias com hieróglifos de que tanto gostava. Por um lado, acreditava que seria possível, de alguma forma, significá-los ou ressignificá-los e, por outro, pensava que haveria algo que impediria de se chegar ao fim do processo.

O rébus seria o momento da escrita em que haveria o surgimento do signo e possibilitaria ressignificar aquilo que foi sonhado.

Segundo Rego (2005, p. 129), há no rébus uma referência ao isolamento do traço significante: "[...] Nesta primeiríssima referência a uma escrita antiga, [é que] jaz o essencial da descoberta psicanalítica: não se trata apenas de uma metáfora, de valor ilustrativo, mas do próprio coração da descoberta de Freud: *há uma escrita na fala que presentifica, em ausência, o inconsciente*" (grifos da autora).

O hieróglifo

Uma das imagens mais conhecidas utilizadas por Freud é pensar o sonho como um hieróglifo, de modo que, ele, como um Champolion fazendo a decifragem, decifra os sonhos como hieróglifos específicos. Freud fantasiava que ele seria o grande decifrador dos sonhos.

É o momento em que Freud faz uma passagem do rébus ao hieróglifo, do enigma para uma língua morta. Outra forma de ler o inconsciente de maneira mais dinâmica.

Rego (2005, p. 133) aponta que há *certa analogia entre a escrita do inconsciente e uma escrita hieroglífica* e, "[...] por razões diferentes, ambas não são acessíveis: a primeira, devido à cifração; a segunda, devido ao desaparecimento da língua egípcia".

Evidencia-se, mais uma vez, o cuidado de Freud em suas várias tentativas de ler o inconsciente, privilegiando, sobretudo, o que nele poderia se inscrever.

Lacan e a escrita do inconsciente

Lacan é a outra andorinha ou rouxinol que faz verão. Podemos dizer que, como Freud, ele teceu vários voos ao longo da sua obra.

Ele foi fascinado pela escrita e, principalmente, por aquela relativa ao inconsciente. Tal fato pode ser atestado através de suas referências aos ideogramas chineses até o seu interesse maior pela escrita singular apresentada por Lewis Carroll e James Joyce.

A obra de Lacan, em boa parte, foi pautada pelo axioma: o inconsciente estruturado como uma linguagem. Em seus dez primeiros seminários ele seguia essa vertente, ainda baseado nos textos de Freud.

Porém, a partir do *Seminário 10: A angústia* e, principalmente, do *Seminário 11: Os quatro conceitos fundamentais da Psicanálise*, Lacan alça outros voos, cruzando outros territórios e desvendando outros lugares.

É quando a sua própria escrita se transforma. Os seus seminários vão se tornando mais difíceis e complicados. Lacan explora novas concepções, enfatizando um aspecto que sempre o caracterizou: a escrita lacaniana.

Uma escrita que, para alguns, apresenta características barrocas. Uma escrita que desvela o furo. É o momento em que ele se dá conta da existência de um objeto que não é como os demais: o *objeto a*. Algo que não é capturado pela linguagem, algo que continuamente escapa.

Lacan é levado, assim, a novos encaminhamentos. Pode-se dizer que surge, então, um aprofundamento maior nas discussões relativas ao axioma *o inconsciente estruturado como uma linguagem*, fazendo com que ele propusesse também o *inconsciente estruturado como escrita*.

Uma das autoras que procurou explorar a questão da escrita em Lacan é Rego. Utilizaremos nesta segunda parte deste trabalho muitas de suas colocações, por considerá-las bastante precisas e atuais.

Rego (2005, p. 169) revela que: "a teoria lacaniana da letra e da escrita aponta para: isso(se) escreve e o inconsciente estruturado como uma escrita que não cessa de não se ler, mas que paradoxalmente, só revela sua estrutura pela escrita".

Lacan apresenta diferentes momentos em relação a esse processo. Para fins deste artigo, explorarei alguns deles.

O seminário da carta roubada

Se é possível pensar em um tempo inicial com relação à escrita, sem dúvida é preciso atrelá-lo à importância da letra em Lacan.

Esse tema aparece primeiramente no comentário de *A carta roubada* de Edgar Allan Poe, fazendo com que ele utilizasse o termo "letra" como sinônimo de "missiva". O significante seria aquele que chega como uma carta, trazida pelo outro e que o sujeito precisa decifrar.

No *Seminário 2: O eu na teoria de Freud e na técnica da psicanálise*, Lacan (1985) utiliza das séries numéricas aleatórias para pensar no aparecimento dos significantes. A lógica matemática lhe serviria, como um certo instrumental, para tentar identificar a existência de uma lógica significante. No entanto, o que Lacan constata quando lê o conto de Edgar Allan Poe é que há ali algo que é preciso ultrapassar esse processo. Pois, para Rego, "há uma certa letra que não pode absolutamente aparecer em determinado lugar da série, e esta lógica rege a determinação do sujeito do inconsciente" (2005, p. 171).

Há a constatação de um resíduo que sempre permanece e que é, para Lacan, a letra fora da cadeia, aquela que não consegue emergir, mas que instaura a repetição.

A característica maior da letra é que ela não significa nada, mas gera efeitos ao ser lida.

Uma teoria da letra no inconsciente

Dois textos marcam a importância da teoria da letra no inconsciente: "A instância da letra no inconsciente" e "Lituraterra".

Destacamos que Lacan, no primeiro texto, não denominou o seu artigo a instância do significante, mas instância da letra. Trata-se ainda de um texto bastante marcado pela linguística saussureana.

Para Rego (2005, p. 172), o termo "letra" acabou sendo usado por Lacan como sinônimo de inconsciente em geral, ponto de fixação, de recalcado primário, de significante mestre.

Para Lacan, a letra revelaria, de alguma forma, a insistência do significante no inconsciente, determinando o sujeito. Mas a letra estaria ausente na fala. E ela não teria sentido.

Nesse caso, a letra e a escrita estariam incorporadas no inconsciente. No entanto, é importante destacar, que não estamos mais diante do inconsciente simbólico, mais próximo das contribuições de Freud. Lacan avança na direção do inconsciente estruturado como uma escrita, em que a letra aparece como suporte material vinculado ao discurso.

Na análise, a letra não surge diretamente porque ela não é verbal, não é sonora. Ela terá que ser decifrada ou extraída, a partir da escuta dos significantes.

Em "*Lituraterra*" (2009a), Lacan revê os postulados de "A instância da letra" e propõe a letra como litoral entre saber e gozo.

Uma teoria sobre a origem da letra: o seminário da Identificação

Outro momento da obra lacaniana é quando o autor propõe a letra e o traço unário como sinônimos, considerando-os como a essência do significante. Segundo Rego (2005, p. 176), "é o significante funcionando em sua essência de letra, isto é, não significando nada, o que o torna diferente do signo, pois este sempre significa algo para alguém".

Para Lacan, o nome próprio pode ser tomado como exemplo, funcionando como letra ou traço unário, levando-o a conceber, neste seminário, que haveria uma concomitância entre fala e escrita.

Segundo Lacan a escrita teria uma função latente na linguagem. Em um primeiro momento, para o sujeito, haveria uma marca a ser lida, de alguma forma, antes mesmo da escrita, para posteriormente os signos se tornarem suportes em relação à fala.

Rego (2005) levanta uma hipótese a respeito de como Lacan trabalha:

> A conjetura de Lacan sobre a origem da escrita visa demonstrar qual é a linguagem que estrutura o inconsciente. A fórmula "o inconsciente é estruturado como uma linguagem" deixou em aberto a questão de qual linguagem seria esta, uma vez que é uma entre outras. Esta é uma linguagem que é uma escrita, na medida em que o que define uma escrita é "o isolamento do traço significante". Esta definição aponta para que, se a escrita é definida com base no isolamento do traço significante, então tem a mesma estrutura da linguagem: o rébus seria o equivalente escrito da metáfora lacaniana (REGO, 2005, p. 179).

A autora recorta com precisão alguns itens a respeito da escrita. Primeiro destaca que a escrita é uma entre outras. Em segundo lugar, ela isola o traço significante. E, por último, ela repensa a metáfora lacaniana como um rébus, como na vertente freudiana.

Lituraterra

Sem dúvida, um dos seminários em que Lacan discute mais detidamente a questão do escrito e da escrita é no *Seminário 18: De um discurso que não fosse semblante*. É nele que Lacan apresenta o seu famoso texto – "Lituraterra".

Lacan verifica, então, a possibilidade de um discurso que não fosse da ordem do semblante. O semblante é um conceito estratégico, pois designa a aparência, o fenômeno, sendo construído através do imaginário e do simbólico.

É o momento em que Lacan está tentando se livrar da polissemia do significante. Isso o leva, segundo Rego, a propor "um projeto que visa cientificizar a psicanálise, através de uma matematicidade que traria a possibilidade de uma transmissão integral" (2005, p. 195).

O discurso que não fosse do semblante diz respeito a outro tipo de discurso, apontando para a escrita e o real.

A escrita escreve algo que a fala não diz, segundo Rego (2005, p. 198). E, ao mesmo tempo, trata-se de algo que se apresenta na palavra.

É quando Lacan concebe que a palavra (a fala), estaria antes da escrita, o que o levou a propor um outro axioma: o inconsciente estruturado como uma linguagem que produziria o escrito.

Nesse caso, Lacan continua dando uma anterioridade à fala; a escrita viria um pouco depois. O escrito possibilitaria que se pudesse escrever algo que a fala não cobriria (Rego, p. 2005).

A letra assume um caráter litoral. Ela está à margem, propiciando que haja três acepções passíveis de serem encontradas em "Lituraterra".

> A primeira é a literatura como lituraterra, isto é, como acomodação dos restos de lixo. A segunda é a letra como litoral entre gozo e saber. A terceira é lituraterra como rasura ou apagamento. É esta acepção que vai permitir a Lacan sustentar sua ideia de como a literatura pode se tornar lituraterra (Rego, 2005, p. 209).

A escrita, o Um e o nó borromeano

Podem-se entrever, na parte final da elaboração lacaniana, as discussões a respeito da escrita indo na direção do real. Elas são trazidas, principalmente, no *Seminário 19: Ou pior* (2012a) e no *Seminário 20: Mais, ainda* (2012b).

Lacan se dá conta de que há uma hiância impossível de cobrir entre a fala e a escrita. Ele concebe que o campo da linguagem produz dois efeitos: a fala e a escrita.

Há uma escrita na fala e uma fala na escrita. Como uma banda de Moebius, as duas estão interligadas. Lacan a propõe, então, que o escrito não é para ser compreendido.

A escrita de que falamos não uma escrita visível. Uma escrita como as outras. Ela é uma escrita distinta das demais. Um buraco no discurso. Uma tentativa de se sustentar algo que não se consegue escrever.

Considerações finais

Jacques-Alain Miller (2003) destaca que Lacan "atribui, descobre, inventa para o escrito um estado distinto do significado". Não se trata mais de lidar com a interpretação, com aquilo que se lê. Segundo Miller,

Lacan vai mais além. Ele introduz lalíngua. Ela traz os inúmeros equívocos presentes na história do sujeito. Lalíngua é uma dimensão do equívoco.

Para entender o que Lacan propõe na última parte do seu ensino, é preciso lidarmos com a lalíngua. A mudança é que Lacan não trabalha mais com uma vertente de comunicação. O que ele persegue é o fio do equívoco; a lalíngua tem outros propósitos que não são a comunicação.

O que Lacan introduz é um estatuto da escrita diferente do significado. Se buscarmos a base disso, veremos como ele termina desunindo, na sua elaboração, o que havíamos aceitado desde o início como acoplados – a escritura e a leitura.

Para Lacan é importante introduzir-se uma dimensão de leitura que é de outra ordem do que a leitura semântica.

O que leva Lacan a ir além de uma leitura dos significantes. Em uma leitura e em uma escrita, algo sempre escapa. A impossibilidade de se alcançar o real.

Leitura e escrita alçam agora mais um voo. Elas não podem ser capturadas por tudo aquilo que escrevemos.

Referências

BORGES, J. L. (1952) O rouxinol de Keats. In: *Outras Inquisições*. Tradução de Sérgio Molina. Rio de Janeiro: Globo, 1999. p. 103-106, v. II. (Obras Completas).

CAROPRESO, F. O conceito freudiano de representação em *Sobre a concepção das afasias*. *Paidéia*, v. 13, n. 25, p. 13-26, 2003.

FREUD, S. *La afasía*. Buenos Aires: Nueva Visión, 1973.

FREUD, S. (1856-1939) *Além do princípio do prazer*. Livro XVIIII. Rio de Janeiro: Imago, 1977). (Obras Completas)

FREUD, S. (1900) A interpretação dos sonhos. In: *Edição standard brasileira das obras psicológicas completas de Sigmund Freud*. 2. ed., v. 4, 5. Rio de Janeiro: Imago, 1987. p. 13-700.

FREUD, S. *Moisés e o Monoteísmo*. Livro XXIII. Rio de Janeiro: Imago, 1977.

FREUD, S. (1970) Projeto para uma psicologia científica. In: *Edição standard brasileira das obras psicológicas completas de Sigmund Freud*. Rio de Janeiro: Imago, 1977.

FREUD, S. *Uma Nota sobre o Bloco Mágico*. Livro XIX. Rio de Janeiro: Imago, 1977.

GARCIA-ROZA, L. A. *Freud e o inconsciente*. 3. ed. Rio de Janeiro: Zahar, 1987.

LACAN, J. *Seminário 2: O eu na teoria de Freud e na técnica da psicanálise*. Rio de Janeiro: Zahar, 1985.

LACAN, J. *Seminário 7: A ética da psicanálise*. Rio de Janeiro: Zahar, 1986.

LACAN, J. A instância da Letra no inconsciente ou a razão desde Freud. In: *Escritos*. Rio de Janeiro: Zahar, 1998.

LACAN, J. Lição sobre Lituraterra. In: *Seminário 18: De um discurso que não fosse semblante*. Rio de Janeiro: Zahar, 2009a.

LACAN, J. *Seminário 10: A Angústia*. Rio de Janeiro: Zahar, 2005.

LACAN, J. *Seminário 11: Os Quatro Conceitos Fundamentais da Psicanálise*. Rio de Janeiro: Zahar, 1979.

LACAN, J. *Seminário 18: De um discurso que não fosse semblante*. Rio de Janeiro: Zahar, 2009b.

LACAN, J. *Seminário 19: ...Ou pior*. Rio de Janeiro: Zahar, 2012a.

LACAN, J. *Seminário 20: Mais, ainda*. Rio de Janeiro: Zahar, 2012b.

LACAN, J. Prefácio de uma tese. In: *Outros Escritos*. Rio de Janeiro: Zahar, 2003.

MILLER, J.-A. O Rouxinol de Lacan. Tradução do espanhol por Carlos Gennaro G. Fernandez. *Carta de São Paulo*, São Paulo, v. 10, n. 5, p. 18-32, out./nov. 2003.

RECALCATI, M. As três estéticas em Lacan. *Opção Lacaniana, Revista Brasileira Internacional de Psicanálise,* São Paulo, fev. 2005.

REGO, C. de M. *Traço, letra e escrita na/da psicanálise*. Rio de Janeiro: PUC-Rio, 2005. Tese (Doutorado em Psicologia Clínica) – Pontifícia Universidade Católica do Rio de Janeiro, Rio de Janeiro, 2005.

O livro do sonho, O sonho do livro

Lúcia Castello Branco
Vânia Baeta Andrade

Introdução

por Lúcia Castello Branco

Discutiremos aqui dois projetos que mantemos vivos, atualmente, através do Núcleo de Pesquisa LIPSI, da Faculdade de Letras da UFMG, do qual sou membro desde sua fundação, em 2001, e atualmente a coordenadora, e do qual Vânia Baeta faz parte desde 2003. Apresentaremos esses dois projetos, subsidiados pelo CNPq e pela CAPES, respectivamente, com duração prevista para os próximos três anos, mas cujo nascimento se deu, na verdade, em 1991-1992, quando iniciei minhas pesquisas como bolsista de produtividade em pesquisa, do CNPq, com o projeto A Devoração da Imagem: o Poético e o Psicótico (1991-1994), e quando realizei meu primeiro estágio de pós-doutorado, em Lisboa, e então iniciei o trabalho com o texto de Maria Gabriela Llansol, em 1992. São projetos de "uma vida", na acepção de Deleuze no magnífico texto "A imanência: uma vida",[1] e assim são projetos também da "restante vida",[2] como a define Llansol (1983).

Partiremos de um sonho – "O sonho de que temos a linguagem"[3] –, como Maria Gabriela Llansol o nomeou, em um texto ao qual me sinto particularmente ligada, e aqui, neste momento atual das pesquisas, vamos

---

[1] Refiro-me aqui ao último texto escrito por Deleuze, em 1995. DELEUZE, Gilles. A Imanência: uma vida. Disponível em: <www.dossie_deleuze.blogger.com.br>.

[2] A noção llansoliana de "restante vida" pode ser extraída de diversos de seus textos, mas sobretudo de seu o livro *A Restante Vida*. Lisboa: Afrontamento, 1983.

[3] LLANSOL, M. G. O sonho de que temos a linguagem. *Revista Colóquio-Letras*, Lisboa, Fundanbenkiam, n. 143-144, p. 11- 17, jan./jun. 1997.

desdobrá-lo em duas partes que mantêm, entre si, uma articulação moebiana: "o livro do sonho, o sonho do livro". Estamos ainda no começo e, também por isso, mas não só, não poderemos ainda apresentar os resultados desse sonho, mas tão somente o seu desejo.[4] E, se é verdade que o professor é aquele que sonha alto sua pesquisa, como Roland Barthes o definiu,[5] é também verdade que o professor é aquele que acaba suas frases.[6]

Peço licença, aqui, para me situar, também moebianamente, enquanto professora e escritora: sonho alto minha pesquisa, mas nem sempre termino minhas frases, o que me afasta, de certa maneira, do fim, ao aproximar-me, pela própria natureza desse fim infinito, da psicanálise. O que, por outro lado, me lança irremediavelmente, ao começo... E o começo, como escreveu Maria Gabriela Llansol, "é precioso": "O começo de um livro é precioso".[7] E, para quem deseja sempre começar, recomeçar, nada melhor do que o sonho de um dicionário, como vocês verão a seguir, com o projeto apresentado por Vânia Baeta Andrade.

O livro do sonho
por Lúcia Castello Branco

Este livro, ainda em sonho, ainda em projeto, ainda em palavra começante, não nasceu exatamente como um exercício da "prática da letra". A "prática da letra" é o nome que damos ao que chamávamos, há vinte anos, de "Oficinas de Letras", e que nasceram de um projeto por mim coordenado, intitulado A Devoração da Imagem: o Poético e o Psicótico. Tais oficinas vieram funcionando em hospitais públicos e em clínicas particulares de Belo Horizonte e terminaram por se expandir pelos Centros de Referência em Saúde Mental (CERSAM) de Belo Horizonte e do interior de Minas Gerais. Sobre essas práticas, já organizei um livro, em 1998, intitulado *Coisa de louco*[8] e já publiquei

---

[4] Entre a escrita e a publicação deste texto, um bom tempo se passou. Portanto, os resultados desse sonho podem ser verificados no e-book intitulado *Novo dicionário de migalhas da psicanálise literária*, organizado por Vânia Maria Baeta Andrade, disponível gratuitamente na web em <https://issuu.com/novodicionariodemigalhasdapsicanali/docs/novodicionario_psicanalise>.

[5] BARTHES, s. d, p. 9.

[6] BARTHES, 1977. p. 66.

[7] LLANSOL, 2003.

[8] BRANCO, 1998.

alguns artigos em revistas especializadas. O que é importante marcar, por ora, com relação a essas práticas, é que elas inicialmente eram oferecidas apenas para usuários da saúde mental e que, posteriormente, foram recebendo demandas de psicanalistas e também de artistas.

O livro do sonho, então, não nascia exatamente dessa prática, mas de uma outra, que podemos também chamar de "prática da letra": a leitura anotada. Pois o meu desejo, inicialmente, era apenas anotar os sonhos de Maria Gabriela Llansol, a partir da pesquisa de seus cadernos, que hoje fazem parte do espólio da autora, sediado no Espaço Llansol, em Sintra. Como os coordenadores desse espólio pretendiam organizá-lo a partir de um índice que teria, como um de seus verbetes, o "sonho", meu projeto inicial era o de fazer uma edição comentada desses sonhos, a partir de uma leitura com base n'*A interpretação dos sonhos*, de Freud (1987).

A direção, a meu ver, seria dada por um texto de Llansol que se intitula "O sonho de que temos a linguagem", e que foi publicado na *Revista Colóquio-Letras*, em 1997. Sobre esse texto, a autora afirma:

> Sonho com o dia em que a presença que de nós ficará dos textos não será a do nosso nome próprio. Em que os signos da nossa travessia serão destroços de combate, toques de leveza_____ o que eu esperava ficou, ficou a chave, ficou a porta, ficou a pedra dura ao luar.
> Regresso a casa através da serra em que plantas brilham _____ como não sendo casa numa cidade.
> Sou aturdida pela presença da vossa escrita, que me acompanha pelas vertentes e pelas ruas. Caminho, e o pensamento caminha a meu lado: "o medo torna os homens densos". Os poetas deixarão de submeter-se à poesia. Quem escreve irá além da mágoa. Os animais, fascinados pela benevolência do buda, sensata e moderadamente, indicam o pacto de bondade que a todos une.
> Os homens saem de sua identidade. E o texto arrasta-nos para os lugares da linguagem onde seremos seres de fulgor, *indeléveis e diáfanos* _____última parede iluminada de uma casa que se apagou, numa das avenidas da cidade serrana
> onde reina ainda uma profusão amarga de sinais.[9]

Interessava-me, no momento da concepção do projeto, essa "profusão amarga de sinais" que resta, como "pedra dura ao luar", nessa "casa em que as plantas brilham". Interessavam-me os cadernos, os cadernos dessa escritora que um dia escreveu, em um de seus livros: "O caderno

---

[9] LLANSOL, 1997, p. 11.

não é o escrevente do texto, mas o lugar onde o texto aprende a materialidade do lugar por onde corre".[10] Interessava-me, sobretudo, na direção da leitura como "tarefa séria", tal como proposta por Blanchot, imaginar a mão que escreve o texto. Ou, nas palavras do autor:

> Estas páginas podem terminar aqui e nada que se seguisse ao que acabei de escrever me faria acrescentar ou retirar qualquer coisa. Isso permanece, isso permanecerá até o fim [...]
> Isto, portanto, deveria estar claro para todo aquele que lesse estas páginas pensando que são tomadas pela ideia de infelicidade. Mais que isso, que ele tente imaginar a mão que está escrevendo: se ele a visse, talvez então a leitura se tornasse, para ele, uma tarefa séria.[11]

E, interessando-me pela "mão que está escrevendo", é claro que me interessava também aquela outra mão, aquela responsável pelo que Blanchot chamou de "preensão persecutória":

> Acontece que um homem que segura um lápis, mesmo que queira fortemente soltá-lo, sua mão, entretanto, não o solta, ela fecha-se mais, longe de se abrir. A outra mão intervém com mais êxito, mas vê-se então a mão que se pode chamar doente esboçar um leve movimento e tentar retomar o objeto que se distancia. O que é estranho é a lentidão desse movimento. A mão move-se num tempo pouco humano, que não é o da ação viável, nem o da esperança mas, antes, a sombra do tempo, ela própria sombra de uma mão deslizando irrealmente para um objeto convertido em sua sombra. Essa mão experimenta, em certos momentos, uma enorme necessidade de agarrar: ela deve agarrar o lápis, tem de fazê-lo, é uma ordem, uma exigência imperiosa. Fenômeno conhecido sob o nome de "preensão persecutória".[12]

Tudo isso, eu sabia, para caminhar em direção ao que Llansol chamaria de "pulsão da escrita",[13] mas também para tentar alcançar a segunda acepção – aquela mais sutil, para onde o texto de Llansol, afinal, caminha – deste título de sentido em mão dupla: "O sonho de que temos a linguagem". Trata-se do sonho de que possuímos a linguagem? Sim, naturalmente. Mas trata-se, sobretudo, do sonho do qual possuímos (apenas) a linguagem. Ou, mais propriamente, a escrita.

---

[10] LLANSOL, 2003. p. 12.

[11] BLANCHOT, 1991, p. 119.

[12] BLANCHOT, 1987, p. 15.

[13] A respeito da "pulsão da escrita" em Llansol, ver ANDRADE, 2006.

E aqui, finalmente, começamos a nos encontrar com Freud, este que também possuía o seu caderno de sonhos, que parece ter se perdido.[14] Mas Llansol, até onde sabemos, não possuía exatamente um caderno de sonhos. Seus cadernos trazem, como seus livros publicados, um pouco de "tudo ligado a tudo",[15] embora suas anotações de sonhos, mesmo nos livros publicados, apareçam explícitas no texto, ainda que o sonho não ganhe uma descrição: "Eu sonhei com o Texto a viver ainda a Norte – não o escrevi".[16]

Assim, mesmo no projeto inicial, quando eu ainda sonhava em trabalhar com os manuscritos de Llansol, o tal "Caderno de Sonhos de Maria Gabriela Llansol" já aparecia como o que a própria escritora talvez nomeasse como um "existente-não-real". Sabemos que o "existente-não-real" é uma das importantes figuras da obra de Llansol, que diz respeito à existência, distinta da realidade e do factual. O "legente", para Llansol, é algumas vezes designado como parte da "comunidade dos existentes-não-reais". De maneira análoga, eu propunha, na ocasião que o projeto foi concebido, em 2010, que o "Caderno de Sonhos" que eu pretendia construir a partir da leitura e da anotação dos cadernos do espólio llansoliano, já existia, em meio aos cadernos da escritora, como um "existente-não-real".

Hoje, com um ano e meio de desenvolvimento do projeto, tudo isso parece-me bastante curioso, pois constato, ao relê-lo, que alguma coisa do futuro desse projeto já estava ali, no caderno de sonhos, como um "existente-não-real". E isso que já estava ali só posso testemunhá-lo através de minha escrita, a escrita do projeto. Ela, a escrita, já sabia – eu não sabia.

Porque um pouco depois do início do projeto – menos de um ano depois, já que ele começa a ser realizado em março de 2011 –, eu já poderia prever, pelo andamento da carruagem, que não seria tão fácil colocar as mãos – as minhas mãos – naqueles cadernos. Os dirigentes do Espaço Llansol, espaço do qual faço parte desde a sua fundação, não permitiriam que esses cadernos fossem folheados assim tão facilmente.

E então, já que toda tarefa comporta também uma renúncia, como assinala Benjamin em seu magnífico "A tarefa do tradutor",[17] minha

---

[14] ROUDINESCO, 1998, p. 390-396: Interpretação dos Sonhos.

[15] LLANSOL, 2011, p. 51.

[16] LLANSOL, 2007, p. 50.

[17] Refiro-me aqui ao termo alemão "aufgabe", em sua dupla acepção de tarefa e renúncia. A esse respeito, ver a tradução de Susana Kampff Lages de "A tarefa do tradutor", de Walter Benjamin (BRANCO, 2008, p. 66-81).

tarefa foi renunciar aos cadernos para buscar, nos livros publicados de Llansol, os seus sonhos. E anotá-los, um a um, ao lado de uma anotação bastante obsessiva de *A interpretação dos sonhos*, de Freud. Pois a própria Llansol me daria esta direção:

> A elaboração deste texto, se nós o estudarmos de um certo ponto de vista, tem as suas leis de desenvolvimento. É como o estudo dos sonhos. Com um só não chegamos à conclusão alguma, mas se houver uma sequência muito grande, começamos a distinguir as leis que o regem. Em função disso eu estou a ver como lógico que o meu próximo livro se chame precisamente: *Os cantores de leitura*.[18]

A direção estava aí: reler toda a obra – seus 29 livros publicados em vida – para chegar até *Os cantores de leitura*, último livro da autora, em que a escrita do sonho se revela mais nítida, em sua tessitura. E este passou a ser meu projeto, desde meados de 2011: anotar os sonhos escritos na obra publicada de Llansol e anotar os sonhos de *A interpretação dos sonhos*, de Freud. É claro que, em meio a esses sonhos do livro de Freud, estavam, como sabemos, os seus próprios, mas não só. E este "não só" restou ali, por um tempo breve, a me provocar.

A anotação sempre foi, para mim, um dos métodos privilegiados de leitura e escrita. Um dos meus livros, *Livro de cenas fulgor*, atesta esse método de maneira radical: trata-se de um livro de listas variadas – "coisas que fazem o coração bater mais forte", "coisas que enchem de angústia" –, seguido, em cada série de listas, de uma página em branco, para que o leitor possa também anotar as suas listas.[19] Já aí, neste pequeno livro publicado em uma edição artesanal, o método se dava a ver: pois o livro abria-se ao caderno e, através das listas – as frases incompletas –, o livro abria-se à anotação.

Foi também no segundo semestre de 2011 que pude me encontrar com o primoroso seminário de Roland Barthes, intitulado *A preparação do romance*.[20] Trata-se de um livro em que as notas do curso Barthes se apresentam compiladas e datadas, mas trata-se, sobretudo no volume 1, de um livro em que a anotação, a *notatio,* aparece como método de escrita:

> Por um lado a *Anotação*, a prática de 'anotar': notatio. Em que nível ela se situa? Nível do 'real' (o que escolher), nível do 'dizer' (que

---

[18] LLANSOL citada por BARRENTO, 2010, p. 110.

[19] BRANCO, 2000.

[20] BARTHES, 2005.

forma, que produto das à *Notatio*? O que essa prática implica do sentido, do tempo, do instante, do dizer? A *Notatio* aparece de chofre na intersecção *problemática* de um rio de linguagem, linguagem ininterrupta: a vida – que é texto ao mesmo tempo encadeado, prosseguido, sucessivo, e texto superposto, histologia de textos em corte, palimpsesto – e, de um gesto sagrado: *marcar* (isolar: sacrifício, bode expiatório etc). A Anotação: intersecção problemática?[21]

Eis-nos, então, de volta a uma prática: a prática de anotar, a *notatio*. E ei-me, de novo, diante de "uma vida", a "restante vida" da *notatio*: o texto encadeado, prosseguido, mas também superposto, como num palimpsesto. Ou, para usar uma palavra llansoliana: o texto em "sobreimpressão". Nesse momento em que me encontro com esse texto de Barthes, encontro-me, de fato, em uma intersecção problemática. Pois o "Caderno de Sonhos de Maria Gabriela Llansol", que já não se apresentava dessa forma, já que os sonhos de Freud (os seus e os de seus pacientes) começavam a entrar aí, através da minha prática da *notatio*, de uma maneira um tanto desorganizada (as partes do livro não se separavam, como eu de início supunha, mas se sobrepunham, como nos sonhos), lançavam-me, sem que eu o soubesse, ao mesmo impasse enfrentado por Barthes: "como passar da anotação, da *Nota*, ao Romance, do descontínuo ao fluxo (ao *estendido*)?"[22]

No primeiro momento, eu pensava estar enfrentando apenas uma parte desse impasse: a passagem do descontínuo ao fluxo. Ou, em outras palavras: como transformar minhas anotações (meus fichamentos) em um livro encadeado, em que a teoria se impusesse ali, de forma coerente e organizada? Eu não sabia, até então, que minha questão não dizia respeito apenas à construção da teoria, mas à "preparação do romance".

Até que um terceiro passo se impôs ao método: decidi, sem saber bem por que (talvez por um movimento de fidelidade ao método freudiano), anotar, em meio às anotações dos sonhos de Llansol e dos sonhos de Freud, meus próprios sonhos. E aí, nesse momento, creio que o romance começou.

Trata-se, evidentemente, de uma mudança de posição, que talvez possamos localizar, com alguma precisão, na introdução do magnífico texto "A insônia do escrever", que abre o livro *Ladrões de palavras*, de Michel Schneider:

---

[21] BARTHES, 2005, p. 37.
[22] BARTHES, 2005, p. 37-38, v. 1.

[...] A noite em branco. Um homem adormecido se pergunta confusamente: o que acontece de tão difícil quando eu *volto a mim*, correndo o risco de não voltar, entre um dia que não acaba de acabar e um livro retomado numa hora que não é nunca a boa, aquela em que se devem fechar os livros, pousá-los sobre a mesa de cabeceira, e mergulhar na procura do livro que se traz consigo?[23]

Pensemos nesse homem, o escritor, como um "insone adormecido": aquele que, na noite em branco, não consegue sonhar, mas adormecido, não consegue, no entanto, "voltar a si". Talvez esse seja o desenho que melhor retrate, na dimensão de um *existente-não-real*, alguns escritores. Talvez seja esse o desenho que nos reste traçar da escritora Maria Gabriela Llansol, que dedicou toda a sua vida ao exercício de escrever – à "insônia do escrever" – e a uma espécie curiosa de sonho: "o sonho de que temos a linguagem".

O texto que recebe esse título – "O sonho de que temos a linguagem"–, e que é organizado a partir de excertos que a escritora decidiu não incluir no terceiro de seus diários publicados – *Inquérito às quatro confidências* –, porque "lhe tirariam leveza e aceramento",[24] pode ser lido nessa dupla dimensão – do sonho e da insônia –, justamente porque comporta, como já observamos, uma ambiguidade essencial, em seu título: trata-se do sonho que temos, que possuímos, que somos donos da linguagem, mas trata-se do sonho do qual temos (apenas) a linguagem.

Creio que uma leitura cuidadosa do texto leva o leitor a afastar a primeira interpretação, já que o sonho, afinal, é o de que "a presença que de nós ficará não será a do nosso nome próprio". Os sujeitos, portanto, destituídos do nome, são menos aqueles que sonham o sonho do que os que são por ele sonhados. Ao sonho que sonha os sujeitos, poderíamos chamá-lo, em consonância com Llansol, de escrita, e daí já podemos deduzir que o que nos coube dela – a escrita – é apenas o seu resto: a linguagem.

Àqueles que são sonhados pela escrita poderíamos denominá-los, então, não exatamente de insones – porque, em alguma instância, eles adormecem –, mas talvez de "dormentes", os que dormem na insônia do escrever. Parece-me ser esta a posição que ocupa a escritora Maria Gabriela Llansol com relação ao texto e à escrita, já que é à "exigência da obra"[25] e à *pulsão da escrita* que seu texto parece obedecer.

---

[23] SCHNEIDER, 1990, p. 9.

[24] LLANSOL, 1997, p. 8.

[25] A respeito da "exigência da obra", ver BLANCHOT, 1997.

Tal posição nos obriga, enquanto *legentes*, a tomar também uma posição análoga de leitura. Se considerarmos, com Freud, que o sonho é sempre uma escrita hieroglífica, e que o sonho nos sonha, teremos forçosamente que considerar a materialidade e a literalidade dessa escrita, resistindo à interpretação que busque atingir o significado do sonho, mas abrindo-nos à leitura, à legência, que suporte, com o corpo, mas na passividade do "dormente", a significância do sonho:

> Lacan enfatiza que o primeiro ponto com relação ao sonho é que se trata de um hieróglifo, uma mensagem cifrada que deve ser decifrada. Isso significa que é preciso resgatar um outro código, um código perdido. Mas a interpretação do sonho não é simplesmente uma decodificação, como se fosse possível dispor de uma tabela de equivalências. Sendo que essa tabela não existe e não pode existir, é preciso encontrar o código perdido na base das redes associativas. Esse ponto é muito enfatizado por Freud quando critica o método que chama de "simbólico clássico", em que há uma espécie de canônica preestabelecida que permite caracterizar o sentido do sonho. O sonho é um hieróglifo que deve ser entendido literalmente, isto é, em função de seus elementos materiais, de suas finalidades ou suportes de significação. É na estrutura fonemática do sonho que se articulam os significantes e não na consideração global do significado, o desejo deve ser tomado à letra, em sua literalidade (relato do sonho).[26]

Ora, essa leitura por "redes associativas", que não propõe uma decifração do que é cifrado, mas um deslizamento do que é material, literal, é a única possível aos *legentes*, diante do texto de Llansol. E talvez suas anotações de sonho possam servir como um material privilegiado para, não só examinarmos a especificidade dessa escrita que foge ao "simbólico clássico", como também extrairmos daí um método que nos permita refletir acerca dos fundamentos da escrita, da literatura e da leitura. Contudo, é sempre preciso advertirmo-nos de que "Não há literatura. Quando se escreve, só importa saber em que real se entra, e se há técnica adequada para abrir caminho a outros".[27]

Trata-se, pois, da abertura de outros reais e não exatamente da literatura. Esta, talvez, a "tarefa séria" do legente: sustentar, com seu corpo, a expansão do *corp'a'screver*, permitindo-se tangenciar, com a

---

[26] MAGALHÃES; VALLEJO, 1981, p. 31.

[27] LLANSOL, 1985, P. 57.

leitura intensiva, a dimensão do eterno a que o texto se abre e assim ler, para além dos *reais-não-existentes*, os *existentes-não-reais*.²⁸ Este é, afinal, o propósito do projeto – aquele que, desde o início, já estava lá –, ao buscar desenhar, numa linha de fulgor, o "Caderno de Sonhos", que afinal não é mais exatamente o de Maria Gabriela Llansol, mas o de MGab. Reduzido o nome da autora à sua assinatura – às pobres letras que restam de seu nome – talvez possamos vislumbrar, nessa dimensão da letra, a radicalidade de uma prática: a prática da leitura literal, que termina por se encontrar, em seu limite, com a prática escritural.

O sonho do livro
por Vânia Baeta Andrade

Esse livro, ainda em sonho, ainda em projeto, ainda e sempre em "palavra começante", nasceu exatamente como um exercício da "prática da letra"²⁹: uma prática de escrita, uma prática de leitura. Tomemos, então, a palavra poética, a palavra psicótica, como duas possibilidades do que Maurice Blanchot nomeou de "palavra começante" ou, na tradução de Adriana Lisboa (Rocco), "palavra iniciante".³⁰ Em seu texto intitulado "A besta de Lascaux", Blanchot parte do seguinte poema de René Char:

A besta inominável

A Besta inominável fecha a marcha da graciosa
  manada, feito um ciclope bufo.
Oito chistes lhe servem de adorno, dividem-lhe
  a loucura.
A Besta arrota com devoção no ar rústico.
Seus flancos abarrotados e pendentes doem,
  vão se livrar de sua prenhez.
Dos cascos às suas inúteis presas, ela está
  envolta em fetidez.

---

[28] O *real-não-existente* é outra figura llansoliana, em conjunção/disjunção com o *existente-não-real*.

[29] Remetemos às palavras de Jacques Lacan em "Homenagem a Marguerite Duras pelo *Arrebatamento de Lol V. Stein*": "Que a prática da letra converge com o uso do inconsciente é tudo de que darei testemunho ao lhe prestar homenagem" (LACAN, 2003, p. 200).

[30] BLANCHOT, 2011, p. 47-69.

Assim me parece no friso de Lascaux, mãe
fantasticamente disfarçada,
A Sabedoria com os olhos cheios de lágrimas.
René Char

Blanchot começa evocando Platão, em *Fedro*, a fim de capturar, a cada frase certeira, no avesso de uma ameaça, esse perigoso e estranho animal chamado escrita, uma estranha linguagem. Porque, nela, alguém fala, embora ninguém fale; é um discurso, uma fala, uma palavra, mas, acéfala, diz sempre a mesma coisa, não escolhe seus interlocutores e, se eles a interrogam, ela, a escrita, por sua vez, é incapaz de responder, sequer, aos possíveis ataques; seu destino é rolar, por todo lado, ao *deus dará*, expondo a verdade como um grão ao acaso. Portanto, "confiar-lhe o que é verdadeiro é, de fato, confiá-lo à morte".[31] Sendo assim, o conselho de Sócrates é que nos afastemos o máximo possível dessa palavra venenosa, "e que nos atenhamos à verdadeira linguagem, que é a linguagem falada, em que a palavra está segura de encontrar viva, na presença daquele que a pronuncia, uma garantia".[32] Trata-se aí da presença, que garante a verdade do ser, em contraposição da presença de uma ausência para sempre invocada: a escrita. Voz neutra, rouca, louca, afônica, sem voz. A tradição platônica nos lega a seguinte face da verdade:

> Palavra escrita: palavra morta, palavra do esquecimento. Essa extrema desconfiança pela escrita, compartilhada ainda por Platão, mostra que dúvida pode nascer, que problemas pode suscitar o novo uso da comunicação escrita: o que é essa palavra que não tem atrás de si a caução pessoal de um homem verdadeiro e preocupado com a verdade? O humanismo já tardio de Sócrates se encontra aqui a uma distância igual de dois mundos que ele não desconhece, que recusa por meio de uma escolha vigorosa. De um lado, *o saber impessoal do livro* que não pede que se lhe deem garantias através do pensamento de uma única pessoa e que jamais é verdadeiro, pois só tem como se fazer verdadeiro no mundo de todos, e através do advento mesmo do mundo.[33]

---

[31] BLANCHOT, 2011, p. 53.

[32] BLANCHOT, 2011, p. 53.

[33] BLANCHOT, 2011, p. 54, grifo nosso.

Sócrates, então, rejeita o *saber impessoal do livro*, mas rejeita (reverentemente, é verdade) também outra linguagem impessoal: "a palavra pura que dá entendimento ao sagrado. Já não somos, diz ele, aqueles que se contentavam em escutar a voz do carvalho ou a de uma pedra. 'Vós, os modernos, quereis saber quem é que fala e de que região ele é'".[34]

De alguma maneira, Sócrates acaba fazendo coincidir, por tudo o que é dito contra, a palavra escrita e a palavra profética. Misteriosamente, a escrita, embora relacionada ao desenvolvimento da prosa, acaba se encontrando com a palavra sagrada, quando o verso deixa de ser um meio indispensável da memória. A coisa escrita, então, materializa aí, demoniacamente, o profético e o poético.

> Como a palavra sagrada, o que está escrito vem não se sabe de onde, é sem autor, sem origem e, por isso, remete a algo mais original. Por trás da palavra do escrito, ninguém está presente, mas ela dá voz à ausência, assim como no oráculo onde fala o divino, o próprio deus jamais está presente em sua palavra, e é a ausência de deus, então, que fala. E o oráculo, não mais que a escrita, não se justifica, não se explica, não se defende: não há diálogo com a escrita e não há diálogo com deus. Sócrates permanece assombrado com esse silêncio que fala.[35]

Estranha a obra escrita, da mesma natureza estranha da obra de arte, que tanto assombrou Sócrates como Freud. Sinistro como a própria palavra *unheimlich*, como a coisa da palavra, como o que é próprio à palavra: seu osso, descascada, exilada, longe da função comunicativa da linguagem, silenciosa em seu caráter enigmático de hieróglifo: imagem, desenho, traço, marca, linha e cor, pintura, litura.

O sonho é um hieróglifo, foi dito, que deve ser entendido literalmente, em função de seus elementos materiais. O sonho, assim concebido, aproxima-se da estranheza da obra escrita, da estranheza da obra de arte. Sócrates diz a Fedro: "O que há sem dúvida de terrível na escrita, Fedro, é sua semelhança com a pintura: os rebentos desta não se apresentam como seres vivos, mas não se calam de forma majestosa quando interrogados?".[36]

O que perturba Sócrates tanto na pintura quanto na escrita é o silêncio majestoso, o traço mudo e inumano, "que faz passar para a arte

---

[34] BLANCHOT, 2011, p. 54.

[35] BLANCHOT, 2011, p. 56.

[36] BLANCHOT, 2011, p. 56.

o estremecimento das forças sagradas, essas forças que, através do horror e do terror, abrem o homem a regiões estrangeiras".[37] *Unheimlich.*

O que é isso que tem a imutabilidade das coisas eternas? O que é isso que, na verdade, não passa de aparência, atrás da qual só paira o vazio, a impossibilidade de falar? O que é isso, que sustenta o insustentável; o que aparece sem fundamento? Imagem, aparência, que fascina a verdade, atraindo-a para as profundezas, onde não há verdade, nem sentido, nem sequer erro.

Sonhei com um "jardim em letras de escrita",[38] sonhei com a palavra começante, que "nada dizendo, nada escondendo, abre o espaço, abre-o a quem se abre a essa chegada".[39] Essa palavra, tal qual a palavra oracular, não exprime, nem dissimula nada, mas indica. Como um dedo indicador, aponta. Anota. Litera. Litura. Lê, no devir, o destino de um traço. Pintura.

O oráculo, tal qual a obra de arte ou o saber impessoal do livro, escolhe a palavra profética, uma palavra fora de seu valor de troca, inumana, voltada à origem, no dorso do futuro. Palavra profética, palavra poética, palavra iniciante, palavra começante. Essa palavra sonhada é a palavra em seu grau zero. Literal, hieroglífica, potência muda de todas as significações possíveis, que morrem no umbigo, no umbigo de um sonho: o sonho de que temos a linguagem.

> A linguagem que fala a origem é essencialmente profética. Isso não significa que dite os acontecimentos futuros; quer dizer que não se apoia em algo que já existe, nem numa verdade em curso nem na única linguagem já falada ou verificada. Ela anuncia porque começa. *Indica* o futuro, porque ainda não fala: linguagem do futuro, pelo fato de ser ela mesma uma espécie de linguagem futura, que sempre se antecipa, não tendo sentido e legitimidade senão adiante de si mesma – ou seja, fundamentalmente injustificada. E tal é a sabedoria desarrazoada da Sibila, que se faz ouvir durante mil anos, porque jamais é ouvida agora, e essa linguagem que abre a duração, que dilacera e que começa, sem sorriso, nem adorno, nem maquiagem, nudez da palavra primeira.[40]

Aqui, ali, aquém, espaço/tempo fora do tempo, como o sonho, aberto por uma palavra que não é a palavra da adoração, mas a palavra da

---

[37] BLANCHOT, 2011, p. 56.

[38] BLANCHOT, 2011, p. 57.

[39] BLANCHOT, 2011, p. 58.

[40] BLANCHOT, 2011, p. 59-60.

duração. Palavra primeira, de uma sabedoria desarrazoada, louca, que se faz ouvir durante mil anos. Essa palavra "não é mais dirigida de antemão pela intenção de um discurso socializado"[41]: desembocamos na Palavra, frontalmente, palavra em ponto de p., como a nomeou Lúcia Castello Branco: palavra em ponto de poesia, de psicose e, por que não, de profecia.

Essa Palavra em ponto zero, segundo Roland Barthes, é a Palavra enciclopédica, pois ela "contém simultaneamente todas as acepções, entre as quais um discurso relacional a teria obrigado a escolher"[42]:

> Ela realiza então um estado que só é possível no dicionário ou na poesia, onde o nome pode viver privado de seu artigo, reduzido a uma espécie de estado zero, mas prenhe de todas as especificações, passadas e futuras [...] Cada palavra poética constitui assim um objeto inesperado, uma caixa de Pandora de onde escapam todas as virtualidades da linguagem; ela é portanto produzida e consumida com uma curiosidade particular, uma espécie de gulodice sagrada.[43]

Minha gulodice sagrada, então, foi sonhar com um livro que sonhasse o sonho do livro: um livro que contivesse o incontido – a palavra em ponto de dicionário. Esse livro, impossível em seu projeto enciclopédico, borgeano, ganhou o estatuto de projeto de pós-doutorado, vinculado à linha e núcleo de pesquisa Literatura e Psicanálise da Faculdade de Letras da UFMG, financiado pelo Programa Nacional de Pós-Doutorado (PNPD/CAPES) e supervisionado pela Profª. Drª. Lúcia Castello Branco. Intitula-se: Palavra em Ponto de Dicionário: o Trabalho da Citação e a Prática da Letra".

O projeto nasce, então, de um encontro entre duas experiências que, agora, buscam se entrelaçar: por sua consonância teórica e pelo alcance fecundo vislumbrado em ambos os casos. Por um lado, trata-se da experiência da "Prática da letra", realizada com sujeitos psicóticos, em instituições de Saúde Mental da rede pública; por outro lado, trata-se dos resultados obtidos na pesquisa de Iniciação Científica, intitulada Literatura e Psicanálise: um trabalho de citação, orientada por mim, em 2008-2009, na Faculdade de Letras do Instituto de Ciências Humanas da Universidade Federal de Ouro Preto (ICHS/UFOP).

O sonho do livro: o dicionário, então, obedece à prática da letra, enquanto prática de escrita e leitura pautada pela literalidade, pela

---

[41] BARTHES, 1971, p. 61.

[42] BARTHES, 1971, p. 61.

[43] BARTHES, 1971, p. 61.

materialidade, pela potência significante da palavra começante. Pois um dicionário, incessantemente, faz o exercício de remeter uma palavra à outra e mais outra e mais ainda. Ele funciona, em sua radicalidade, como um *pas de sens*: um passo de sentido e, ao mesmo tempo, um sem sentido.[44] O dicionário, sempre prenhe de sentido, em seu funcionamento, só deixa vislumbrar um certo *non sens*: um significante remetendo ao outro, abissalmente, como um *mis-en-abîme,* onde o saber, tal qual nos indica Lacan, só pode se situar em fracasso, em xeque (brincando com a homofonia de *échec*).

Esse sonho, posto em prática, seria construir um dicionário de citações literais extraídas de dois campos do saber: a psicanálise e a literatura. É bom lembrar que Freud sempre buscou nela (a literatura) um saber que, insistentemente, apesar de vislumbrá-lo, escapava-lhe. Não é à toa que, justamente, em sua Conferência XXXIII, sobre a Feminilidade (esse continente negro), ele nos aconselhe a consultar os poetas, caso desejemos saber mais. Ele diz: "Se desejarem saber mais a respeito da feminilidade, indaguem da própria experiência de vida dos senhores, ou consultem os poetas, ou aguardem até que a ciência possa dar-lhes informações mais profundas e mais coerentes".[45]

Extraímos aí, nessa citação, três campos do saber indicados por Freud, dos quais colheremos o material de nossa pesquisa (que, sonhamos, há de resultar no livro – o dicionário): a experiência, a poesia, a ciência. E, se pudéssemos sobreimprimir essas palavras, diríamos, a experiência poética da loucura no saber da ciência.

É bom lembrar também que Foucault, em *As palavras e as coisas*, acaba por situar a psicanálise, a etnologia e a linguística no lugar de "contraciências" que, para além ou aquém do conhecimento do próprio homem, fazem reaparecer, "em sua insistência enigmática", "a questão do ser da linguagem".[46]

Obedecendo, pois, à prática da letra, os verbetes constarão em ordem alfabética de palavras-chave provenientes da literatura e da psicanálise. Além das definições dessas palavras, um "mosaico" de citações extraídas desses

---

[44] Remeto o leitor ao ensaio de Jacques Derrida, *Torres de Babel*, no qual o filósofo faz uma brilhante leitura do texto de Walter Benjamin, acima citado, "A tarefa do tradutor". Especialmente quando comenta: "O que se passa em um texto sagrado é o acontecimento de um *pas de sens*" (DERRIDA, 2002, p. 70).

[45] FREUD, 1976. p. 165.

[46] Cf. FOUCAULT, 1992. Principalmente, o item V, do cap. X, referente à psicanálise, p. 390-404.

campos de saber configurará cada verbete. A composição do *Dicionário de citações* prevê, portanto, na entrada de cada palavra, a definição de seus termos (ex: sonho, voz, pulsão, gozo, corpo, poema, silêncio, tradução, transposição, inconsciente, culpa, vergonha, etc.) em variadas acepções. O inusitado dessas definições é que elas serão elaboradas, a partir da "prática da letra", com pacientes psicóticos de diversas instituições da rede pública (CERSAM/ Centro de Atenção Psicossocial - CAPS).[47]

Nesse sentido, afirmamos que se pudéssemos sobreimprimir as palavras "experiência", "poesia" e "ciência", diríamos que cada verbete, em nosso sonho de livro: o dicionário, há de buscar a experiência poética da loucura no saber da ciência.

A ideia de cunhar o nome de "prática da letra" nasce da necessidade de distinguir tal prática, inicialmente, experimentada com pacientes psicóticos (e, posteriormente, vivenciada com artistas, escritores e pessoas atravessadas de alguma maneira pela experiência da escrita) do que tem sido chamado de oficina e, mais especificamente, da Oficina de Letras. No campo da experiência, até agora, foi possível colher a seguinte distinção:

1. A prática da letra não é uma terapia ocupacional, porque não podemos dimensionar seus efeitos terapêuticos e sequer podemos designá-la como uma ocupação, já que é sempre da desocupação – do *desœvrement*[48] – que se trata.
2. A prática da letra não se quer oficina, pois não visamos um produto, já que apostamos, sempre, que os textos retidos não diferem dos textos entregues.
3. A prática da letra não é uma diversão, porque é sempre do sofrimento que se trata, embora os perigos do poço (dos abismos da linguagem) não se separem, nunca, dos prazeres do jogo (com as palavras), mas nesse jogo, sabemos, está fora de causa acabar bem.

A prática da letra, não sendo uma ocupação, não visando a um fim, não propondo um divertimento, arrisca-se, no entanto, a almejar um começo,

---

[47] Esse trabalho, iniciado em 1991, no Instituto Raul Soares e, em seguida, na Clínica Central Psíquica, encontra-se atualmente em vigor no CERSAM Noroeste de Belo Horizonte e no Centro de Atenção Psicossocial (CAPS) de Arcos-MG, com possibilidade de implantação em Divinópolis-MG e no CAPS da Rocinha, no Rio de Janeiro.

[48] Remetemos aqui à ideia de desocupação (*desœuvrement*), concernente ao espaço literário, segundo Maurice Blanchot.

aquele começo em que um ponto – um pingo – é letra que não se lê, mas que nos permite, afinal, começar a escrever. Palavra começante. Escrever o começo, sempre, de novo, infinitamente, e manter o começo prosseguindo.

É nesse percurso que o atual projeto se inscreve, com o intuito de ir mais além – única responsabilidade do poeta, nas palavras de Silvina Rodrigues Lopes[49] – na transmissão dessa prática, que já vem de longe, e que tem germinado consideravelmente, atraindo o desejo de saber e o trabalho daqueles que dela se aproximam.

Levantamos aqui a hipótese de que aquilo que poderíamos chamar de uma prática do dicionário, de alguma forma, se aproxima e revela algo dessa relação com a palavra que o sujeito psicótico e o poético não cansam de acusar. A prática do dicionário (em sua ramificação infinita, na remissão incessante de um significante a outro, no deslizamento metonímico e na abertura metafórica) não cansa de nos lembrar que a palavra não é a coisa. Contudo, trabalhando com sujeitos psicóticos, nessa prática, talvez possamos chegar a definições das palavras – das palavras-chave selecionadas –, definições em que vislumbremos a coisa dessas palavras, a coisa da escrita. Talvez essa experiência possa trazer ao dicionário o ponto *p* das palavras, desse *encontro inesperado do diverso*:[50] literatura e psicanálise.

O livro aqui sonha, uma espécie de gulodice sagrada. Ele sonha com a palavra em ponto de dicionário ou de poesia, "onde o nome pode viver privado de seu artigo, reduzido a uma espécie de estado zero, mas prenhe de todas as especificações, passadas e futuras". Palavra poética, palavra profética, palavra psicótica, a palavra como um objeto, um objeto inesperado, uma caixa de Pandora.

Referências

ANDRADE, V. B. *Luz preferida: a pulsão da escrita em Maria Gabriela Llansol e Thérèse de Lisieux*. Belo Horizonte: UFMG, 2006. Tese (Doutorado em Literatura Comparada) – Faculdade de Letras, Universidade Federal de Minas Gerais, 2006.

BARRENTO, J.; SANTOS, M. E. (Orgs). *O que é uma figura?* Lisboa: Mariposa Azual, 2010.

BARTHES, R. *A preparação do romance*. São Paulo: Martins Fontes, 2005a. v. I, v. II.

BARTHES, R. *Aula*. Tradução e posfácio de Leila Perrone-Moisés. 12. ed. São Paulo: Cultrix, 1997.

BARTHES, R. *O grau zero da escrita*. São Paulo: Cultrix, 1971.

---

[49] LOPES, 2001, p. 11.

[50] Aproprio-me aqui do título de um livro de Maria Gabriela Llansol: *Lisboaleipzig 1*: o encontro inesperado do diverso.

BARTHES, R. *O prazer do texto*. São Paulo: Cultrix, 1977.

BLANCHOT, M. *O espaço literário*. Rio de Janeiro: Rocco, 1987.

BLANCHOT, M. *Pena de morte*. Rio de Janeiro: Imago, 1991.

BLANCHOT, M. A besta de Lascaux. In: _____. *Uma voz vinda de outro Lugar*. Tradução de Adriana Lisboa. Rio de Janeiro: Rocco, 2011.

BRANCO, L. C. (Org.). A tarefa do tradutor de Walter Benjamin: quatro traduções para o português. Tradução de Susana Kampff Lages. *Cadernos Viva Voz*, Belo Horizonte: FALE-UFMG, p. 66-81, 2008.

BRANCO, L. C. *Coisa de louco* (Org.). Belo Horizonte: Mazza Edições, 1998.

BRANCO, L. C. *Livro de cenas fulgor*. Belo Horizonte: 2 Luas, 2000.

DELEUZE, G. A imanência: uma vida. Disponível em: <www.dossie_deleuze.blogger.com.br>. Acesso em: 2 maio 2017.

DERRIDA, J. *Torres de Babel*. Belo Horizonte: Ed. da UFMG, 2002.

FOUCAULT, M. As ciências humanas. In: _____. *As palavras e as coisas*. 6. ed. São Paulo: Martins Fontes, 1992.

FREUD, S. *Um estudo autobiográfico; Inibições, sintomas e ansiedade; A questão da análise leiga e outros trabalhos*. Rio de Janeiro: Imago, 1976. ESB: v. 20.

FREUD, S. *Novas Conferências Introdutórias sobre psicanálise e outros trabalhos*. Rio de Janeiro: Imago, 1976. ESB: v. 22.

FREUD, S. *A interpretação dos sonhos (Parte II). Sobre os Sonhos*. 2 ed. Rio de Janeiro: Imago, 1987. ESB: v. 5.

HÖLDERLIN, F.; COSTA, D. *Pelo Infinito*. Lisboa: Vendaval, 2001.

LACAN, J. *Outros escritos*. Rio de Janeiro: Jorge Zahar, 2003.

LLANSOL, M. G. *A restante vida*. Lisboa: Afrontamento, 1983.

LLANSOL, M. G. *Um falcão no punho*. Lisboa: Rolim, 1985.

LLANSOL, M. G. *Lisboaleipzig 1: o encontro inesperado do diverso*. Lisboa: Rolim, 1994.

LLANSOL, M. G. O sonho de que temos a linguagem. *Revista Colóquio-Letras*, Lisboa, Fundanbenkiam, n. 143-144, p. 11- 17, jan./jun. 1997.

LLANSOL, M. G. *O começo de um livro é precioso*. Lisboa: Assírio & Alvim, 2003a.

LLANSOL, M. G. *O jogo da liberdade da alma*. Lisboa: Relógio D'Água, 2003b.

LLANSOL, M. G. *Os cantores de leitura*. Lisboa: Assírio & Alvim, 2007.

LLANSOL, M. G. A Escrita sem impostura. In: _____. *Diários de Llansol*. Belo Horizonte: Autêntica, 2011. Entrevista concedida a Lúcia Castello Branco.

LOPES, S. R. Apresentação deste livro. In: HÖLDERLIN, F.; COSTA, D. *Pelo infinito*. Lisboa: Vendaval, 2001. p. 11.

MAGALHÃES, L. C.; VALLEJO, A. *Lacan: operadores de leitura*. São Paulo: Perspectiva, 1981.

ROUDINESCO, E.; PLON, M. *Dicionário de Psicanálise*. Rio de Janeiro: Zahar, 1998.

SCHNEIDER, M. *Ladrões de palavras*. Campinas: Ed. da UNICAMP, 1990.

Sobre os autores

Angela Vorcaro
Psicanalista da Association Lacanienne Internationale (ALI), doutora em Psicologia Clínica, professora do Programa de Pós-Graduação em Psicologia da UFMG. Pesquisadora do CNPq e da Fapemig e membro do Lepsi (UFMG/USP) e do Centro de pesquisas Outrarte (UNICAMP). Autora de *A criança na clínica psicanalítica* e *Crianças na psicanálise: clínica, instituição, laço social* e organizadora de *Quem fala na língua?*.

Cristina Marcos
Psicanalista, doutora em Psicanálise pela Universidade de Paris 7, docente do Programa de Pós-Graduação em Psicologia da PUC Minas.

Ilka Franco Ferrari
Psicanalista praticante, membro da EBP/Minas Gerais e da Associação Mundial de Psicanálise. Doutora pelo Programa de Clínica y Aplicaciones Del Psicoanális da Universidade de Barcelona, UB, Espanha (2001). Pós-doutora pela Universidade de Barcelona, 2010. Professora nos curso de Graduação e Pós-Graduação em Psicologia da PUC Minas. Bolsista de produtividade em Pesquisa, nível PQ2.

Jeferson Machado Pinto
Psicanalista, doutor em Psicologia e pós-doutor em Psicanálise. Professor do curso de Psicologia e dos Programas de Pós-Graduação em Psicologia e Filosofia da UFMG.

Leny Magalhães Mrech
Professora livre-docente da Faculdade de Educação da Universidade de São Paulo (FEUSP). Psicóloga, socióloga e psicanalista. Vice-chefe do Departamento de Metodologia do Ensino e Educação Comparada; coordenadora do Núcleo de Pesquisa de Psicanálise e Educação da Universidade de São Paulo. Autora do livro *Psicanálise e Educação: novos*

operdores de leitura, organizadora de *O Impacto da Psicanálise na Educação* (Editora Avercamp) e coorganizadora de *Psicanálise, transmissão e formação de professores* e *Psicanálise, diversidade e educação*.

Lúcia Castello Branco

Escritora e psicanalista, é professora titular em Estudos Literários na Faculdade de Letras da Universidade Federal de Minas Gerais (Fale/ UFMG).

Margareth Diniz

Psicanalista. Professora adjunta de Psicologia da Universidade Federal de Ouro Preto (UFOP) e integrante do Programa de Pos-Graduação em Educação da mesma instituição.

Marília Amorim

Ex-professora da Universidade Federal do Rio de Janeiro e atual professora da Universidade de Paris VIII. Entre seus livros, estão: *Raconter, démontrer,... survivre: Formes de savoirs et de discours dans la culture contemporaine* e *Petit traité de la bêtise contemporaine*, ambos publicados pela Editora Erès, de Toulouse.

Tânia Ferreira

Psicanalista, mestre e doutora em Educação e pós-doutora em Psicologia pela UFMG. Docente na PUC Minas/IEC, é autora de, entre outros, *A Escrita da Clínica: Psicanálise com crianças* (2017, 3. ed.) e coautora de *O tratamento psicanalítico de crianças autistas: diálogo com múltiplas experiências* (2017), ambos publicados pela Autêntica.

Vânia Baeta Andrade

Psicanalista com mestrado em Teoria da Literatura e doutorado em Literatura Comparada, ambos os títulos pela Faculdade de Letras da UFMG. É pós-doutora em Estudos Literários pela UFMG.

Este livro foi composto com tipografia Bembo e impresso
em papel Off-White 80 g/m² na gráfica Paulinelli